情商高的女人

不是迎合别人 而是经营自己

魔女 shasha / 著

百花洲文艺出版社
BAIHUAZHOU LITERATURE AND ART PRESS

Contents 目　录

Part ❶

没有人愿意透过不加修饰的外表，
去了解你有趣的灵魂

Part ❷

所谓情商高，就是会说话

Part ③

情商高的女人，
不讨好别人，也能收获好人缘

Part ❹

与异性相处，
聪明的女人会适时耍点小心机

Part ❺

在职场游刃有余，
才是给自己的最好礼物

Part 1

没有人愿意透过不加修饰的外表，去了解你有趣的灵魂

高级的性感不是穿得暴露，
而是内心有风情

　　说到性感，很多女人都有一种错误的认知，认为性感就是裸露，裸露得越多代表越性感。严格说起来，若性感只是指一具裸露、香艳的身体的话，充其量也只能算是一种毫无个人特色的肉感。真正的性感不是浓妆艳抹，不是用高贵的香水所营造的香味，也不是香肩裸露所带来的感官刺激，而是一个女人整体涵养的完美展现。在她的举手投足之间，都能不经意地流露出让人神魂颠倒的美感，让人一看便觉惊艳，却绝不是哗众取宠的花蝴蝶。

　　在真正性感的女人看来，性感不是宽衣解带，也不是没有丝毫遮掩的裸露，而是一种浑然天成的女人味。即使她们没有任何勾引的企图，男人们也会心甘情愿地拜倒在她们的石榴裙下。身为女人一定要明白，**性感并不是露得越多，越**

有味道。它潜藏在言语笑容之间，是一种独具女人味的涵养。

要露，就得露得聪明

斯琴是个非常漂亮的女孩子，因为从小接受传统式的家庭教育，所以在衣着打扮上也相对传统，从来不会穿着暴露。

按照公司的传统，每年快到年底的时候都会举办年会，表彰大家一年来的辛苦工作。眼看又快到年会时间了，大家都很兴奋，只有斯琴似乎并不怎么高兴。因为公司规定所有的人都必须盛装出席，但她哪有什么像样的衣服呀！

好朋友知道后，就拉着她一起去逛百货公司，精心为她挑了一件晚礼服，还顺便帮她挑选了项链、手镯、耳环、胸针等小饰品。到了晚会当天，她一出场，大家都不敢相信眼前这个美女就是平时见到的斯琴。她的一身打扮其实并不暴露，但是看起来就是让人觉得性感无比，和她平时的风格有着天壤之别。斯琴理所当然地成为全场瞩目的焦点，很多男士纷纷向她邀舞。

为什么斯琴只是穿了一件微露香肩的小礼服，就能变得性感无比呢？这完全是因为她的打扮刚好掌握了露的程度。因为她的身材很好，所以稍显紧身的小礼服反而能完美地突显她的身材。小腿细长的她聪明地选了一件短洋装，另外她身上的珍珠项链和白玉手镯也起到了很好的衬托作用，更加突显了她白皙的皮肤，大大提升了性感指数。这样一个善用自己优势的性感美人，不吸引人的目光才怪！

很多女人都想用性感来吸引人的注意力，所以大街小巷都能看到年轻辣妹不惜展现自己的好身材，想借由展露肌肤来突显自己的性感。但是这样的人体风景早已令人疲乏了，并没有什么特别之处。要想露得既漂亮又性感，女人们可得好好做足功课了。

聪明的女人都知道自己最性感的部位在哪里。只要**发挥自己的优势，用适当的裸露来展现最有自信的部位，远比大胆裸露来得赏心悦目**。女人们一定要记住，要露得恰当，才会变身为真正的性感美人！

善用肢体语言，展现性感魅力

嘉嘉刚结婚，正在和老公欢度蜜月。其实在她心里一直有个疑问，当年是帅哥的老公主动追求自己，但想想自己，长得并不漂亮，只能算是清秀，工作并非特别优秀，性格也偏内向，真不知道老公是看上自己哪一点了。

她将心中的疑问告诉老公，老公神秘地笑了笑，说："因为你很性感啊！"嘉嘉心想："我很性感吗？我怎么不觉得。自己的身材也不算好，平时的穿着打扮也不算很性感吧！"老公似乎看出了她心底的疑惑，就向她解释："你无意间表现出来的肢体动作总让你显得特别性感。比如像你现在这样略带疑问又有点无辜的眼神，就显现出一股不做作的性感。"

听完老公的话，嘉嘉不好意思地脸红了，只听老公继续说："像你现在脸红彤彤的模样，也是一种小女人的性感风情！不只这样，有时候你遇到困难，会习惯性地用手托着脸颊，或是有时会不经意地咬咬你的手指头。有时候你的长发遮住眼睛了，还会很自然地用手拨到耳朵后面。这些小动作在我看来都很性感，你是我的性感小女人！"

听完老公的话，嘉嘉终于明白，原来在男人眼中，一个女人的性感并不一定需要多么美丽的外表，只要能够善用自己的肢体语言，同样可以让自己变得性感起来。殊不知就是因为她不经意的秋波流转，以及无形中展现的自信，让她的性感指数大大提升。

只要能够丰富自己的肢体语言，即使不开口说话，也可以很性感。你可以训练自己走路的姿势，抬头挺胸，想象自己像舞台上的模特儿一样，仪态万千，性感妩媚。你也可以

做一个风情万种的小女人，运用温婉的语调，加上一点小小
的娇嗔，让自己变得更有女人味，增添性感魅力。你也可以
像只猫，用慵懒的姿态，迷离的眼神，迷惑你的意中人。

适时保持自己的神秘感

佳玲和老公结婚已经有十几年的时间，她也快四十岁了，
虽然容貌上不及年轻时那么漂亮，但是在老公看来，她依然
是一个性感十足的女人。老公曾经和她开玩笑说："我和你结
婚都十几年了，但是对你好像还不是完全了解。有时候本来
以为你会这样做，结果却偏偏和我想的不一样，真不知道你
是不是一个小妖精投胎。"

正如老公所言，佳玲的性格果真很古灵精怪。她时而狡
黠，时而疯狂，时而矛盾，又往往是一个十足的小女人，让
人捉摸不透。其实，能让她一直保持性感的原因，就是让自
己充满神秘感。

如果一个女人非常美丽而且性感十足，但是却一成不变，
能让人一眼看穿，这样的女人是索然无味的，顶多只能在自
己年轻的时候保持一点美丽。一旦年华老去，红颜不再，天
生的容颜就会被淹没在光阴荏苒中，不再起眼。

聪明的女人懂得让自己保持神秘感，让人看不懂也猜不透，不再平淡无味，男人们也会愿意花更多的时间来关注这个女人。**神秘感无疑是很多男人心目中重要的性感元素之一。**

女人要想保持神秘感，不妨偶尔任性一下，想做什么就去做。女人本身就是一种很感性的动物，适时放下理智的面具，让大家看到不一样的你，而不是一成不变的乖乖女。

当然，在女人试图保持自己神秘感的同时，一定要掌握好适当的分寸，太过神秘反而会让人望而却步，只有小女人的娇羞神秘才是真正的性感妙招。女人的性感当中，本来就包含一种亦真亦假的神秘元素，只要 Hold 住这神秘的面纱，就容易吸引男人的目光。

🌸 高情商女人**法则**

1. 裸露虽性感，但绝非露得越多越好。露多少、露哪里，都需要女人的聪明判断，才能露得既性感又不肤浅。

2. 即便没有姣好的容貌，女人只要善用自己的肢体语言，善用女人温柔的特质，一样可以性感十足。

3. 性感不仅是指女人的外在，更是一种由内而外的神秘感。要想维持自己的性感指数，不妨让自己神秘一点。

Emotional Quotient

情商高的女人会精进自己，
而不是嫉妒别人

都说女人善妒，虽然女人并不愿意听到这样的话，它却是不可否认的原罪。女人的虚荣心和嫉妒心是她们的天性，有时这种心理能帮助她们奋发向上，有时却只能让她们走向毁灭。

其实嫉妒心理人人都有，只不过轻重程度不一样罢了。轻微的嫉妒心理并没有什么大问题，但如果太过严重，可就得小心谨慎处理了。身为女人一定要明白，**爱惜自己才是做人的根本，不要因为一时的嫉妒而任性妄为**。

试着换位思考，如果是你自己闯出了一番事业，却招别人嫉妒而暗中搞鬼，不肯和你配合，你又会有什么感想呢？女人要懂得远离嫉妒，才能让自己的生活更加开心幸福。

学会欣赏，更为自己增值

晓岚参加一场选美比赛，因为出色的表现，很顺利地进入了决赛。但此时她的自信心开始膨胀，认为凭借自己的条件，一定可以获得冠军。殊不知外界关注的焦点并不是她，另外一位佳丽——佳妮，才是夺冠的热门人选。

晓岚为此心里非常不平衡，她觉得自己那么优秀，却没有人关注她，实在没有道理。反观佳妮并没有什么特别出众的地方，大家还认为她能获得冠军，真是不公平。于是，当佳妮接受采访，并对着镜头微笑时，晓岚张牙舞爪地冲上前抢着发言："你笑得这么灿烂是要给谁看呢？难道你以为冠军已经是你的了吗？"晓岚说完还不罢休，竟然劈头将所有参选的佳丽都数落了一番。

她天真地以为自己只是说了公道话，但是失控的言辞表现受到了所有观众的指责，还把她评为最不受欢迎的佳丽。最后，落落大方的佳妮果然获得了选美比赛的冠军，因为嫉妒而出言不逊的晓岚，则落得惨败的结局。

这样的结果并未超出大家意料，但是晓岚不这样认为。选美比赛结束之后，她还在更衣室里大吵大闹，彻底撕下了自己仅剩的一点伪装。

晓岚之所以上演大爆发的局面，就是因为她犯了所有人都讨厌的一种坏毛病，也是大多数女人的通病——嫉妒。**嫉妒的女人往往无法从其他人口中听到一句真心话，因为爱嫉妒的女人让人望而却步。**

本来选美比赛是一个让所有聪明美丽的女人能够展现自我的机会，所以不管是什么背景的参赛佳丽，既然能够进入决赛，身上必定都有一些别人无法与之相比的过人特质。如果晓岚能够静下心来，就会发现每位佳丽的身上，一定都有很多自己所没有的优点和专长，也就不会被嫉妒冲昏了头，出现如此不堪的后果。

晓岚的例子提醒所有女人，一定要远离嫉妒，不要总是只看到别人的缺点，而要学会发掘并欣赏他人的长处，并且不断地激励自己，这样才能展现自己良好的修养，同时获得他人的尊重和喜爱。

奠定生活重心，当个有气度的幸福女人

嘉华结婚之后就当起了全职的家庭主妇，每天都在家里的各种琐碎事务中忙碌度过。刚开始时还没什么特别的感觉，但时间一久就开始觉得无聊了。

因此，她开始参加各种同学还有姐妹淘的聚会。刚开始的时候嘉华觉得欢欣雀跃，但是时间一久，女人爱计较的心理就悄悄产生了。因为每次聚会的时候，她的老同学和朋友们总是衣着光鲜，开口闭口都是谈自己得意的工作，或者是老公多么宠爱自己。

每次听完这样的话语，嘉华心里总是会升起一种幽幽的抱怨：她们现在凭什么都生活得这么好？我比她们优秀得多，为什么却过得这么无精打采？在这种负面心理下，每次她只要一听到谁在讲述自己的丰功伟业，就会忍不住出言讽刺，并觉得这样很过瘾。

可是时间一长，她发现自己接受的邀请越来越少，后来再也没有什么聚会邀请她参加了。

为什么最后没有人再邀请嘉华参加聚会了？就是因为她尖刻的言辞让人却步，而她尖刻的言辞正是因为她的嫉妒心在作祟。她看不惯有人过得比她更好，嫉妒让她失去了冷静和友谊。

其实嘉华的生活也算平淡有致，就是因为她的虚荣心导致了嫉妒的负面情绪。另外一个原因就是她过得太清闲了，没有其他的办法来打发无聊的时间。**培根曾经说过：嫉妒是一种四处游荡的情绪，能用的只是闲人。**这句话非常精辟地指出了善妒者的本质：就是因为他们太闲了，才会自讨苦吃。爱嫉妒的人总是喜欢说风凉话、泼人冷水、论人长短。这些恰恰是闲人才有时间去做的事情。如果生活有重心，哪来那么多工夫去对别人品头论足呢？

所以，女人一定要学会充实自己的生活，别让无聊占据自己太多的时间。当你有很多事情需要去处理的时候，也就没有时间去嫉妒别人了。有气度的女人尽管也会有不足的地方，但是光靠她的智慧和修养，就足以赢得别人的欣赏。

将嫉妒转化为前进的动力

冬冬在一家销售公司工作多年，是公司的业务精英，销售成绩总是名列前茅，因此她自视甚高，从来不把新来的同事放在眼里。

后来市场需求发生了很大的变化，冬冬因为没有掌握新技术，所以在业绩上无法突破，很快就被新同事迎头赶上了。看到新同事的业绩飙升，她的心里很不是滋味，每次相见都是一副臭脸。

有一次办公室里就只有她一个人，一位大客户来找新同事志伟签约，时间十分紧急，客户希望志伟能够马上回他电话。谁知道冬冬却故意不把这件事告诉志伟。等到第二天，客户很生气，指责志伟不讲信用。后来不管志伟如何解释，客户再也不愿意在这家公司下订单了。志伟也因为这次事件被公司开除，而冬冬却暗地里窃喜。

后来冬冬又故伎重施，常常故意隐瞒同事的信息，让他们的工作停滞不前。同事们总怀疑是她搞的鬼，但是她死不认账，还无理狡辩，大骂同事是小人。公司对连续几宗大客户流失的情况也很重视，经过暗中调查之后，认为冬冬的嫌疑最大。主管找她谈话的时候，她觉得自己的行为败露，就大声哭闹，说公司偏袒新同事，让她没有办法做人。后来公司确认她知情不报，给公司造成重大损失，就把她开除了。

冬冬之所以尝到苦果，就是因为她嫉妒新同事的业绩超过了自己。**嫉妒就像魔鬼一样，让人没有了羞耻心，最终会把人毁灭。**就像冬冬一样，自己做错了事还死不承认，最终人格荡然无存。身为女人千万要吸取教训，远离嫉妒所带来的苦果。

其实，每个人都有自己的长处和短处，与其嫉妒别人的长处，不如将这种嫉妒化作自己前进的动力。用自己的奋斗和努力去弥补自己的短处，缩短与别人的差距，甚至超越别人，才是一个聪明女人应该做的。

　　嫉妒并不可耻，可耻的是被嫉妒冲昏了头。只有搞清楚嫉妒的原因，下定决心赶上并超越别人，用积极的心态经营人生，才会过得更悠然快乐。

🌸 **高情商女人法则**

1. 女人要远离嫉妒，欣赏别人的长处，才能提高自己的修养。

2. 努力培养自己广泛的兴趣和爱好，让自己的生活过得更充实。

3. 聪明的女人会将对别人的嫉妒之心，化作自己前进的动力，用自己的努力去弥补和他人之间的差距，用自信和实力告别嫉妒。

Emotional Quotient

自信，才是女人最好的气质

自信是一个女人最好的化妆品。一个缺乏自信的女人，就算有倾国倾城的容貌，也绝对不会有令人怦然心动的吸引力。

世界上没有十全十美的女人，但是女人可以通过自身的努力，将自己修饰得更加可人以及接近完美。一个相貌平平的女人，一旦拥有自信，就能够散发出耀眼的光芒，顿时变得高贵典雅。无论在什么地方，自信的女人都是最耀眼的焦点，永远不会因为容颜的衰老而失去自己的独特魅力。

内外兼修，自信的女人最美丽

见过静文的人都知道，她是一个非常有自信的女人，好像什么事情都难不倒她一样，在她身边总不乏优秀的追求者。

　　姐妹们都很羡慕静文的自信心以及吸引力，纷纷向她求教，怎样才能让自己也成为一个自信美人。静文微笑着告诉大家，要想自信其实非常简单，只要修饰好自己的外在形象，再加上不断地充电学习，提升自己的内在修养，就可以为自己大大加分。看到大家迷惘的表情，她进一步解释：**自信的女人往往同时拥有外在美和内在美。**

　　首先是外在美。一个女人的外在形象是非常重要的，尤其是职场上的女性，当自己的形象和所处场合相符时，不仅能让自己更加出色，也是对别人的一种尊重。一旦成功塑造出自己的个人形象，就能够让自己在其他人面前更显自信。静文自己就是这样的实践家，不管在什么地方出现，她总是尽量将自己的形象修饰得完美无瑕，所以大家第一眼看到的总是她自信又迷人的微笑。

　　当然，女人仅仅拥有美丽的外表是远远不够的，容貌所带来的自信通常也十分短暂。一旦年华老去，红颜不再，这种自信就会随着时间的流逝而消失。所以女人要不断地学习，努力提高自己的内在修养。只有当内在的修养和气质提高了，女人才能真正获得自信的源泉。

　　静文总是不断地在学习，努力充实自己。一有时间她就会去听一些名师的讲座，或者和有丰富经验的同行聊天，不知不觉中开阔了自己的视野，内涵和修养也在不知不觉中持续提升。而且每个周末，她都会让自己休假放空，或是一个人去逛逛街，买几本好书，享受独处的时光；或者和好朋友一块儿去看电影。充电之后，她总能以更积极的态度来面对生活。静文的自信心正是源自于她的内外兼修。女人要想自信，既要注重自己的外貌和形象，同时也别忘记了内心的修炼，如此才能赋予女人真正的自信。

拥有自己的经济来源，保有自我的空间

蕾蕾自从结婚之后，就辞掉了原来的工作，在家当起了家庭主妇。刚开始的时候总觉得有点无聊，偶尔还会找些兼职。后来老公的生意渐渐好了起来，家里的收入不用她操心，所以蕾蕾就安心地在家里当起了"少奶奶"。

在蕾蕾看来，家里经济条件稳定，老公的生意也经营得有声有色，再加上两个人还没有生小孩的打算，所以尽管无聊，她也没有必要出去工作。蕾蕾每天在家里和邻居的几位太太一起聊聊八卦娱乐，和大家说长道短，日子看似很逍遥。

因为蕾蕾没有自己的工作，所以一切的生活开销和零用钱都依赖老公。刚开始的时候老公也很爽快，每次都会大方

供给，她自己也心安理得地接受。老公给老婆零用钱，是理所当然的事！蕾蕾内心如此盘算。

后来蕾蕾的开销越来越大，虽然老公没有说什么，可是给钱的时候明显没有当初那么干脆了。蕾蕾自己也意识到了这一点，每次向老公拿钱的时候，总有一种"吃人嘴软、拿人手短"的被施舍感，对自己也越来越没有信心。

蕾蕾之所以内心会忐忑不安，就是因为她失去了自我。如果认为嫁了一个有钱的老公，从此就可以过着无忧无虑、"少奶奶"般的优渥生活，那可就太过天真、大错特错了。

一旦女人开始在经济上完全依赖老公，婚姻很快就会变得索然无味。

一个女人可以赚钱不多，但是一定要想办法自食其力，保有自我的空间。除非自己的老公支持，或者家境十分富裕，否则千万不要随意辞去自己的工作。一旦长时间担任全职的家庭主妇，很容易因为没有收入而仰人鼻息、得过且过，久而久之就会丧失自信心。

女人想要拥有自信，就必须经济独立，坚持自我。当然，这并不是鼓励女人只要事业，而忽略家庭。即使当个全职的家庭主妇，也可以做一些自己感兴趣的事情，保持自信，保有生活的动力。

爱上自己，想不自信都难

彤彤和好朋友逛街逛累了，就在商店外的长椅上休息。两人有一搭没一搭地聊着天，突然间好朋友的电话响了。等好朋友接完电话，发现彤彤正对着一家店的橱窗搔首弄姿。

朋友问她在干什么。彤彤笑眯眯地说："我正在看我自己啊，越看越觉得自己是个美女呢！"朋友对她的自恋觉得好笑，指着她脸上的雀斑说："你前几天不是还在为它们而苦恼吗？现在雀斑的问题都还没解决，你就觉得自己变美啦！"

彤彤掏出自己的贴身小镜子又照了照，不以为然地说："那其实也不算什么缺点，现在仔细看看，发现雀斑其实还挺可爱的！至少它们让我看起来更加特别。"看着彤彤自信的模样，好朋友也开始羡慕起她的自信。

很多女人为了让自己更加美丽，尝试了无数的办法，殊不知最简单的办法就是爱上自己。一个自信的女人，首先应该是一个懂得欣赏自己优点的女人，尽管没有迷人的外表，也没有特别出众的能力，但是只要爱自己，就能自然而然地散发出璀璨的光芒。

每一个女人都会希望自己臻于完美，但往往事与愿违，只是在做白日梦。别忘了，**世界正是因为这些千千万万的细**

微差别，而变得丰富多彩。或许你会发现自己身上也有很多小缺点，但不妨换个角度想想，有时这些小缺点也十分可爱。或许你的眼睛小，看起来并不特别迷人，但是让你更加具有亲和力；也许你的身材并不纤细，但是胖乎乎的看起来更加可爱；也许你的身材并不高挑，但是让你有小鸟依人的可爱温柔。不管身上有多少优点和缺点，如果你能够爱上自己，那么想不自信都很难！

女人要自信，首先要学会珍爱自己。只有珍惜自己，才能让别人也珍惜你。也只有先爱上自己，才有爱护他人、享受生活的能力。如果一个女人连自己都不喜欢，觉得自己面目可憎，又怎么能够期待别人会爱上自己呢？

❀ 高情商女人**法则**

1. 外表带来的自信会随着时间的流逝而失去，但是由知识带来的自信却能永不褪色。

2. 女人要有自己的事业，要掌握经济上的独立，坚持自我，保持自己的兴趣和爱好，才能够永保自信。

3. 不管自己有多少优点和缺点，女人都要珍爱自己。只有爱上自己，女人才能变得更加可爱自信。

Emotional Quotient

有修养的女人，
永远会在人群中发光

　　古代形容一个男人有修养会说他谦谦君子，温润如玉；形容一个女人有修养会说她知书达理，温柔贤惠。修养是需要养成的，而不是随心所欲。每个人都需要具备良好的修养，才会受人尊重，女人尤其如此。

　　女人可以不漂亮，也可以没有气质，却不能没有修养。有修养的女人自有一种独特的韵味和魅力，有修养的女人细致又有风情，有修养的女人平和而内敛。女人的修养并不是与生俱来的，而是通过自身努力所达到的结果。

　　修养也不是做给别人看的，而是发自内心的一种底蕴。只有热爱自己、热爱生活的人，才能养成良好的修养。

拥有一颗平和淡然的心

琳仪是公司的老员工，被公司同事公认为最有修养、最有女人味，虽然年纪稍长，却一点也不影响她在大家心目中的女神形象。和公司一起经历了风风雨雨的她，已到了退休的年龄，大家准备为琳仪举办一个欢送晚会。

欢送晚会上，主持人请她分享自己保持美丽的诀窍，以便传授给其他女同事，也算是给男同事们的福利。琳仪淡然一笑，娓娓说起自己的故事。

原来她刚进公司的时候，经常无心犯下错误，每次犯错之后心里就特别难受，好像天都要塌下来一样。公司里的前辈每次都会安慰她说："没什么大不了的事情，每个人都会犯错，只要能够吸取教训，好好改正就可以了。"

在前辈的帮助下，她明白了**凡事都要看淡一点，别将困境想得太严重**。每当遇到困难的时候，她都会对自己说："不要紧，只要同事们一起努力，没有什么困难是不能克服的！"当她被公司表扬的时候，也告诉自己不要太过得意，取得一点小成绩并没有什么值得骄傲的。渐渐地她发现，整个人的视野都不一样了！最初的她可以说是井底之蛙，关注的总是一些鸡毛蒜皮的小事，现在的她却可以看到更加精彩的世界。

琳仪勉励大家，不论男女，只要拥有一颗平和淡然的心，就能在不经意间发现生活中的精彩，让自己的人生更加丰富。

修炼涵养，并没有想象中那么困难。只要保持淡泊的心，不要被其他的诱惑所吸引而迷失方向，保持自己的本色，就能够渐渐达成。即使你已经不再年轻，如同琳仪一样，脸上满是岁月的痕迹，也永远不会失去心中的平和与美丽。

矜持却不做作，更添吸引力

蓉蓉是个很漂亮的女孩，性格大大咧咧，不像有的女孩那样矫揉造作，所以大家很喜欢她。妈妈总是告诫她，在外面要矜持淑女一点，否则将来很难嫁出去。蓉蓉总是左耳进，右耳出，一点都没有把妈妈的金玉良言放在心上。

很快地，蓉蓉到了谈论婚嫁的年龄，但一直没有男孩子追求她。后来她喜欢上了一个男生，鼓起勇气向他表白，却被对方拒绝了。对方说自己喜欢矜持一点的女孩，蓉蓉并不是他喜欢的类型。

蓉蓉很受打击，这时才想起妈妈的话，好像有点道理。于是她听从妈妈的话，决定努力把自己变成一个矜持的淑女。

朋友们得知她要学习像淑女那样矜持一点，都劝她不要再继续勉强自己了，因为她的样子其实一点也不淑女，勉强做来只会让人觉得做作。当然适当矜持是必要的，但是过度就不好了。在朋友们的强烈建议下，蓉蓉在矜持与活泼之间找到了平衡点，也终于赢得了属于她的爱情。

一个想吸引异性目光的女人，无论如何还是应该保有一定的修养与淑女气息。但是蓉蓉最初想要改变自己，却矜持过了头，反而起到反作用。因为她平时都是大大咧咧的，一下子矜持起来，总会让人不习惯。一旦仔细观察，了解她本性的人就会觉得她太做作了。

所以，聪明的女人在修炼自己涵养的同时，要懂得把自己的淑女气质发挥得恰到好处，既给人温柔娴静的感觉，又能不掩盖自己的本性，在淑女中透露出一丝俏皮。要明白，真正的淑女并不是仅靠矜持的行为就能表现出来的，还需要仰赖女人的独立自信、责任感与内外和谐。只要懂得拿捏平衡，哪怕你是一个性格活泼、大大咧咧的女孩，也能够培养出适合你的淑女气质。

做一个细致又有品位的女人

大家都说静宜是一个细致又有品位的女人，为什么会这么形容她呢？首先从静宜的穿着打扮说起——从来不曾有人看过她有形象邋遢的时候。

她化妆从来都不走浓妆艳抹的风格，妆容非常清淡素雅，有股日式的天然美人况味。因为在她看来，**化妆的目的不在于将自己修饰得面目全非，而是要恰到好处地衬托出自己的特色。**所以即便她只化淡妆，依然能令人印象深刻。

她不特别崇尚名牌，衣柜里既有从名牌服装店里购买的新款时装，也有从小店里淘的宝物。不管什么样的衣服，一旦穿在她的身上，就特别有味道，让她看起来更加动人。而且她举手投足间，还有平时说话的语气当中，总能透露出一股奇特的感染力量，让她看起来是如此的美丽又有气质。

在和人聊天的时候，静宜的脸上总是挂着谦和的微笑，让人感觉如沐春风。她的话并不多，大多数时候，她都是恬静地坐在一旁，耐心地倾听别人讲述自己的故事。喝水的时候她会准备精致的环保杯，而不使用一次性的纸杯，做任何事情都井然有序。她还有个可爱的习惯，每晚睡觉前，都会照着镜子对自己说："我是美丽又有自信的！"静宜用她细致经营的优雅生活，修炼出动人的气质和修养，彻底释放了自己的魅力。

想要做个有修养的女人，不妨先从做个细致的女人开始。

要做一个细致的女人，无法仅仅依靠修饰自己的外貌就能做到，而必须是由内而外养成。哪怕是先天条件并不特别出众的女人，只要经过后天的修炼，依然可以散发出一股动人的气质韵味。

细致的女人拥有一颗七巧玲珑的心，喜欢淡妆、谨言慎行、爱微笑且坚持所爱。她们做什么事情都有自己的原则，一言一行都彰显出个人魅力。她们拒绝平庸、呆板和粗线条的生活，随着她们迷人的眼神和巧笑倩兮的神态，散发出令人迷醉的娴静淑女气息。如果一个女人能够坚持一份从容、自信的心境，那么她将会成为一个人见人爱的可人儿。

🌸 高情商女人**法则**

1. 女人可以不美丽，可以没有气质，但不能没有修养。修养并不是与生俱来的，它需要后天的修炼。

2. 女人可以矜持、可以活泼，但是不能做作。坚持自己的本性，才能释放出最自然的魅力。

3. 做一个细致的女人，坚持从容和自信。成为有修养的女人并不是一件难事。

Emotional Quotient

有吸引力的女人，一定懂得礼仪之道

评价一个女人漂亮与否除了外在条件，还要观察她们的言行举止是否符合礼仪的规范。如果一个女人长得很漂亮，穿着也非常时髦，但是一点礼貌都不懂，举止粗俗、表情呆板，甚至言谈粗鄙不堪入耳，这样的女人就很难以给人美感。

即使现在是个男女平等的社会，但女性在社会上还是属于较为弱势的群体，所以想要获得成功，往往要比男人付出更多的努力。所以女人要努力做到彬彬有礼，打造自己的形象，这样才能更容易达到自己的目标。

保持端庄优雅的仪态

和媛媛认识的人都知道，她的长相确实非常出众，但是奇怪的是，没有人觉得她美，这到底是为什么呢？就是因为她的举止一点也不文雅，所以让她的形象大打折扣。

有一次，她去参加一个商务酒会，别人都是盛装打扮，她却穿着一套很休闲的衣服。虽然看起来很年轻也很有活力，却和当时的场合一点也不协调。更让人无法接受的是，主持人正在台上讲话，她却仿佛进入无人之境。一会儿夸张地表现自己的肢体，一会儿捂着嘴偷笑，一会儿和旁边的人交头接耳，偶尔还会大笑出声，丝毫不尊重主持人。

其实，她并不是想搅乱酒会，只是她的自我感觉太好了，很想引起其他人的注意。而她因为很少参加这种比较正式的场合，结果把平时的生活习惯带了进来，以至于根本没有意识到自己已经搅乱了会场的秩序。最后她不但没有得到大家的欣赏，反而被保安请出了现场。

媛媛虽然长得漂亮，却没有得到大家的认同，就是因为她没有端庄优雅的仪态举止。女人的仪态往往要比容貌更加重要，纵使长得沉鱼落雁也是一样的道理。

在日常生活与公共场合中，我们也经常会看到这样的景象：一些情侣的行为显得过分亲密，例如女孩无视他人的目光坐在男孩腿上，或是公开玩亲亲等不太文雅的行为。或许这对热恋中的情侣并不觉得有什么不妥，却会让其他人感到非常不自在。所以，女人在公共场合，要学会体谅他人的感受，细心地维护好自己的形象。

培根曾经说过：**形体之美胜于颜色之美，而优雅的行为之美又胜于形体之美**。聪明的女人都知道，优雅端庄的体态，协调的动作，优美的语言，甜蜜的微笑，都会给人留下好印象。一个女人的仪态，包括她日常生活中的所有行为，例如走路、坐立的姿态、举手投足、一颦一笑都包含在内。一个令人欣赏的女人，不一定是最漂亮的，但仪态一定是优美的。

让优雅的谈吐为你增添色彩

嘉琪是一所大学的副教授。又到了学生的毕业季，她整天都在为学生们的毕业展准备材料。有一天她正在办公室办公，听见有敲门声，她习惯性地说了一声："请进。"来访的人进来之后，她抬头一看，是一个她从来没有见过的女生。

这个女生望了望只有嘉琪一个人在办公室，劈头就问："有一个叫嘉琪的人在不在啊？"嘉琪听了之后心里很不舒服，自己并不认识这个女生，她为什么要直接指名道姓？不过她还是耐心地回复："我就是，请问你找我有什么事情吗？"

女生听了之后，竟然还上上下下把她打量了一番，说："噢，原来就是你呀，还挺年轻的嘛！我是雅丽教授的学生，是她请我来找你的，想让你帮我看看我的毕业作品。"嘉琪想起雅丽因为怀孕，回家待产去了，想必是她让这个学生过来请自己代为指导毕业展的设计作品。虽然嘉琪不是很喜欢这个女生说话的态度，但还是说："那你先放在这里吧，我忙完了之后就帮你看看。"

没想到这女生是个急性子，马上就说："你能不能快点看，马上要交初稿了，大概什么时候能够看完？"嘉琪再也忍不住了，很不高兴地对她说："你要是真的着急，可以找其他人帮你看啊！"说完就离开了办公室，再也没搭理那个女生。

我们每个人在社会上都扮演着不同的角色，在与人交往的过程中，都要遵循最基本的原则：说话要有礼貌。一个说话优雅的女人和一个说话不顾身份、不懂礼貌的人相比，大家一定会觉得前者更有吸引力。

故事中的女生之所以遭到了嘉琪的拒绝，就是因为她没有礼貌，令对方产生了不愉快的感觉。如果她自己没有意识到这个问题，一直用这样的态度去待人接物，一定会再吃不少闭门羹。所以女人一定要记住，说话保有基本的礼貌：有时一句毫不起眼的尊称或礼貌用语，能够为你的谈吐增色不少。

谦恭的态度是女人的利器

雯雯是一个小有名气的电视台主持人，很多人都喜欢看她主持的节目。因为她总是以优雅又知性的形象出现在公众面前，所以大家都很亲切地称呼她为"优雅姐姐"。

有一次，雯雯被邀请对一个著名的演唱团体进行采访，采访的地点就在演唱会现场。因为堵车的关系，她的时间变得非常紧，门口又有很多观众正在排队等着进入。于是她请求门口的警卫帮忙，希望自己能够优先进入。雯雯本来以为凭借着自己的名气，对方一定会帮她这个小忙，但是没想到警卫很直接地拒绝了她的请求，并要求她出示相关证件。

雯雯觉得像自己这样的明星，竟遭到了无礼的对待，对方简直就是有眼不识泰山。于是她竟抬起手来打了警卫两个巴掌，然后扬长而去。在后面排队的观众看了这一幕之后一片哗然，没想到他们心目中的优雅姐姐竟然是这样的人，雯雯的完美形象也因此毁于一旦。

有的女人喜欢在众人面前表现出一种唯我独尊的姿态，可不要以为这些人都是没有什么文化素养的普通人，相反，大多数以这种态度示人的，往往是一些长相、才识和经济条件都比较好的人。她们总认为自己拥有优越的条件，就可以藐视他人的存在，这实在是一种非常愚蠢的想法。这样傲慢的姿态，只会让她们的形象和品位大打折扣。

喜欢摆架子的女人是最让人讨厌的，具有亲和力的女人才是惹人喜爱的。所以，要想成为一个大家都喜爱的女人，与其去做一个傲慢的公主，不如放下身段，去做一个谦卑而又有亲和力的灰姑娘。

当然，女人要谦卑，并不等于要低三下四，也不等于压制个性的发展，而是为了发挥女性特有的温柔、体贴和细心，用一种既温和又文雅的态度来待人接物。**女人的谦卑不仅仅是一种生活态度，更是自身品德以及修养的高度表现**，谦恭的女人大家都爱。

🌸 高情商女人法则

1. 女人要维持自己的好形象，端庄优雅的仪态要比美丽的容颜重要得多。不管是走路、站立还是吃饭，都需要保持良好的仪态，尤其是在公共场合。

2. 彬彬有礼的女人才受人喜爱。一个说话优雅、谈吐有度的女人，才称得上是一个真正有涵养的女人。

3. 要想展现良好的个人形象，就必须放下自己的傲慢身段，用谦恭的态度来待人接物。

Emotional Quotient

让女人味成为自己的最佳品牌

有一项报道显示，中国台湾的女人非常喜欢使用口红，爱美程度已经达到一个非常惊人的数字。如果将这些女人一年之内购买的口红一支支地堆叠起来，可以排列出无以数计的 101 大楼或者阳明山。超过一半的女性，一周至少要使用四到五次口红，平均每个人拥有三支。单是口红单项销售量就占了彩妆总销量的百分之四十以上，年度总消费十分惊人。

爱美是女人的天性，但是美丽却不等同于女人味。到底什么是女人味？也许是女人的一个温柔眼神，也许是一种优雅的姿态，也许是一个浅浅的微笑。**女人味的内涵可以涵盖美丽，但是美丽却代替不了女人味。**

但是，想要拥有女人味并不是一件简单的事情。若是没有一定的文化底蕴、修养层次和人生的阅历，是无法调制出专属于自己的迷人香气的。女人味不仅仅代表体态之美，更多时候是来自于内心深处，以及源自于女人内心的良好品德。

对于女人来说，女人味是她们的专属。在男人的眼中，女人味代表的就是性感、风情、妩媚、知性、善解人意、可爱。但如今这样来定义女人味已经太过陈腐了。现在的女人味早就产生了新的内涵以及外在条件。

借由品位提升你的女人味

慧慧是一个很普通的女大学生，虽然五官端正，却没有什么特别突出的地方。但就算是丑小鸭也会拥有变成美丽天鹅的梦想，更何况一个正值青春年华的女孩子呢？慧慧内心也总想着要如何让自己变得更加美丽、更加吸引人。

正当她为自己如何能够变美丽而苦恼的时候，一个电视访谈节目的分享提供了好方法。这个节目借由一个电影明星的亲身经历，讲述自己如何保持魅力以及变得有女人味，让慧慧一下子顿悟了！

电影明星谈到保持女人味的诀窍之一，就是提升自己的品位。慧慧按照电影明星的方法，一有时间就去学习充电，也开始观看之前从来不看的时事新闻，改掉了只爱看时尚和八卦杂志的习惯。在上网的时候，她打开耳朵和眼睛，渐渐开始关注起国际新闻。另外她还订购了一些文学、历史书籍，还有当红的时尚杂志，对各方面知识都有所涉猎。

有时她也会和朋友们去看热门院线片，但不再只是关注里面的情节，而是留心男女主角细微的表情与口气。周末的时候，她也会去学习外语、插花、茶道或者是练练瑜伽。虽然刚开始效果并不明显，但是经年累月下来，周围的人都发现，慧慧和以前不一样了。虽然她的长相还是没变，却多了一股吸引人的味道。

慧慧通过自己的亲身实践告诉所有的女人，**有女人味的女人才是真正美丽的**。一个没有品位的女人，不管如何修饰自己的外表，都会显得苍白无力。只有懂得培养广泛的兴趣爱好，慢慢地增加自己的心灵养分，并且凭借自己的品位和内在的气质吸引人的女人，才最有女人味。

女人味，让人愿意接近

佩蓉是一家杂志的主编，和她一起工作的员工从没有见她穿过长裤，她每天总是一袭漂亮的裙装，虽然看起来很简单，却是经过她精心挑选搭配的，包括胸针、丝巾等小配饰也都非常精致。

　　杂志社的工作异常繁忙，但是大家从未在她脸上看到过愁容，哪怕是工作紧张忙碌，也总能在她脸上看到温暖的笑容。因为她的亲切随和，大家都很愿意和她亲近，即便是很隐私的情感问题，也常常会向她倾诉。

　　每次开编辑策划会议的时候，她总是带头不断地抛出新的选题，带领所有采编人员一起进行脑力激荡，所以大家在开会的时候思维都非常活跃，经常有很多不错的选题推陈出新。有的时候，明明是在和她谈论工作，她却总能回馈很多工作之外的人生启迪，让人不禁感受到生活的美好和希望。

　　和这样的主编在一起，杂志社里所有的人都感到十分敬佩，都说从她身上散发出一种细腻沉郁的香味，令人喜爱。

　　当然这里的香味并不是单指身体所散发出来的香气，否则只需要一瓶香水，就可以解决女人味的问题了。这里所说的香味是一种由内而外散发出来的迷人气息，让人一看就觉得这个女人蕙质兰心，愿意和她亲近。为什么大家连最隐私的感情问题都愿意向佩蓉倾诉呢？就是因为她由内而外散发出来的迷人气息，让整个办公室充满了灵性。

　　所以，要想拥有迷人的女人味，请先让自己的举手投足、一颦一笑变得吸引人。如果你不使用香水，就能吸引到别人的目光，让大家主动接近、信赖你，就代表你越来越有女人味了。

女人味，淡雅却动人心弦

晓晓是个文静温婉的女孩子，别人说话的时候，她总是安静地倾听，就算自己发言的时候也不会像其他人一样喋喋不休。她在做事的时候虽然不是非常果断的性格，却也有条有理，效率非常高，总是安安分分地做好自己分内的工作。在和朋友相处的时候，总是带着一种淡雅从容的态度，像是单纯可人的小女孩。

虽然她的话并不多，但是她矜持的肢体语言、含情脉脉的眼光、嫣然一笑的神情、仪态大方的举止，以及楚楚动人的脸庞，总是胜过千言万语，让看到她的男孩子都不由自主地涌起一种想要保护她的欲望。晓晓这种淡淡的气质和味道，是一种动人心弦的女人味，让女人看起来更富有女性温柔的特质，在不知不觉中紧紧抓住了别人的心。

晓晓的女人味透露出一种淡雅和淡定，是一种对生活和人生目标的从容追求。像她这种具有淡淡女人味的女人，往往有着独立人格、独立经济的支撑和独立思想境界，这样她才不会被外在因素所烦扰，而能保持自己最本真的人生态度。

据说，苏格拉底有一个很凶悍的老婆，一点女人味都没有，正因如此，才让他成为世界著名的哲学家。因此有人说：

娶到一个好女人，就可以得到幸福；娶到一个坏女人，就会成为一个哲学家。有的人也许会认为，没有女人味的女人还是有好处的，至少她们能成就一个哲学家。但是在现实生活中，能成为哲学家的男人实在不多，所以女人们，还是尽情展现自己的女人味吧！让自己魅力四射，感染所有周遭的人。聪明的女人，就该好好地修炼自己的女人味，让女人味成为自己的最佳品牌。

🌸 **高情商女人法则**

1. 漂亮不等同于女人味。要有女人味，首先就要提高自己的品位，培养广泛的兴趣及爱好，多多阅读，慢慢增加自己的文化素养。

2. 女人味是一种香味，不仅仅是指身体所散发出来的香味，更是指一种由内而外散发出来的迷人气息。

3. 让自己成为一个淡雅从容的女人，拥有淡淡的女人味。

Emotional Quotient

做个有才情的女人

对于女人来说，外表的美丽是显性的，既能给自己带来自信，又能带给他人视觉上的美感。追求外在美是女人的本能，但是在追求外在美的同时，也不能忽略内在美的修炼。

和外在美相比，具有内在美的女人往往更有吸引力，也是女人美丽的真正源泉。正因为有了内在美，女人才能真正成为完整意义上的美女。哪怕这个女人长相非常普通，只要她具有智慧、才情等内在美，就能够带给旁人美的享受。

养成阅读的好习惯

萍萍最近喜欢上了一个男人，那个男人是一家图书出版公司的主编。为了能接近这个男人，从来只专注于娱乐八卦和时尚潮流杂志的萍萍，开始强迫自己看书，为的就是能够和这个男人聊天的时候，拥有共同话题。

　　但事情并没有向萍萍预想的方向发展，原来那个男人已经有未婚妻了。虽然他们最终并没有成为恋人，却成了非常聊得来的好朋友。后来萍萍养成了阅读的习惯，而且一发不可收拾，越来越沉溺于书香世界。

　　读书虽然没有为萍萍带来她期待已久的爱情，却让她受益匪浅。她自己或许还没有意识到，现在她的言谈举止和以前完全不一样了。如果说以前的她是一个活泼外向、大大咧咧的男人婆，那么现在的她就是一个知性优雅的小女人。

　　成功变身为才情女人之后，萍萍身边的男孩子也渐渐多了起来。最后，萍萍终于找到了属于她的白马王子。

　　都说书籍是人类的精神食粮，一个经常读书的女人，不但能让自己变得更有涵养，还能感染到周围的人，让人在不知不觉中被她吸引。"腹有诗书气自华"，读书的女人在举手投足间往往都会透露出一股非常独特的气质。

　　其实，每一个女人都需要养成阅读的好习惯。因为阅读对女人来说，不仅是一种享受，还是一种心灵的洗礼。阅读中的女人，永远都是美丽的。当然在阅读之前，女人一定要弄清楚自己阅读的目的究竟是什么，然后根据自己的目的来挑选适合阅读的书籍。选择好书籍之后，就需要拟订一个阅读计划，最好能够养成随手记笔记的习惯。

苏联作家高尔基曾经说过："学问改变气质。"阅读可以让一个人的气质发生翻天覆地的变化，萍萍就是其中的一个例子。喜欢阅读的女人，懂得如何享受生活，懂得怎样处理纷繁复杂的人际关系，懂得让自己变得更加有吸引力。所以，做一个有才情的女人，首先需要养成阅读的好习惯。

不忘记给自己充电

绮云是一个聪明上进的学生，修完了大学的专业课程之后，成为了一个小有名气的主持人，在文化圈小有成就。后来，随着视野的开阔，她发现自己掌握的知识已经不能满足自己的需求了，于是干脆辞掉工作，跑到美国进修。绮云在完成了美国的学业之后，就留在硅谷担任一名电脑分析员。后来她结识了自己的丈夫，开始开创自己的事业，成功地从一个文化人转型为一名企业家。

后来，她决定和丈夫一起回到老家，为家乡的建设做出自己的贡献。因为长时间和故乡脱轨，她感觉到自己的理论知识已经不足以应付当前的局面，所以她决定再次进入学校学习。此时她已经是两个孩子的妈妈，而且年近四十了。

重新进入学校学习之后，她并没有因为自己年龄较大、事业成功而有所懈怠，反而非常认真地对待自己的学业。每一次上课，她都会坐在第一排的正中央认真听课，并做好相关的笔记。很多学生因为课程枯燥而选择逃课，但是她却没有逃过一次课。对于老师安排的课程专题，她也总是认真完成。

除此之外，她还自修了工作中所需要的经济学，仅仅用五年时间，就学完了别人需要九年才能完成的课程，最后拿到了经济学博士学位，自己的事业也开始蒸蒸日上。

现代社会的竞争非常激烈，女人要想办法成为一个蓄电池，不断地给自己充电。很多女人都追求一种叫作永恒的抽象名词，希望自己能永远具有魅力，但是这种愿望是不切实际的。要想获得成功，就必须不断地给自己充电，光靠原来肚子里的一点墨水，是不足以适应现代社会发展形势的。

不仅事业如此，女人要想自己的美丽永不褪色，也应该不断地充电，让自己充实起来。**只有拥有智慧的女人才是最具魅力的，而且不会随着时间的消逝而减退。**所以，要想做一个具有才情的女子，充电无疑是一种有力的武器。

追求自我，坚守自己的本性

婉清在完成了硕士课程之后，决定报考耶鲁大学的博士生。她前往耶鲁面试的时候，穿的还是平时那套最朴素的衬衫和裙子，脸上未施粉黛，身上也没有其他多余的首饰。同行的一个同伴劝她："耶鲁可是全世界最著名的大学之一，你即将和一群世界著名的教授见面，穿成这样能获得他们的好感吗？"

婉清很不在意地说："我就是我，一个追求自我的女孩，为什么非得装出一副华贵的样子呢？"同伴觉得她的自信也有道理，就没再说什么。但是令同伴没想到的是，婉清竟然在面试的时候和一位教授当场争论了起来。

这位教授非常生气，他们争论的声音整个走廊都可以听见。婉清知道自己无法完全说服教授，因为教授是一位非常知名的心理医生，但是她仍然坚持自己的观点，说如果无法通过确切的实验来证明，是无法证明谁对谁错的。教授说他能在婉清的实验方法中，找出不下十处错误。婉清则表示，如果教授同意接受自己作为他的学生，她可以把实验方法修改得尽善尽美。但是她心里却有个底，觉得自己这次竟敢当场和教授争论起来，大概整个耶鲁大学都不会录取她了。

但是令人意想不到的是，放榜时，婉清不仅榜上有名，还成了那位教授的学生，并拿到全额奖学金。原来，正是婉清的执着和勇气打动了教授，获得了这个难得的机会。

哲学家曾经说过，世界上没有两片完全相同的树叶。每个女人都是世界上最美丽的一朵花，是任何其他女人都无法取代的。**女人唯有坚守自己的个性，才能铸就自己独特的魅力。**

一个有才情的女子并不一定漂亮，但一定是具有独特个性的。聪明的女人都知道，现代社会讲究个性，如果没有鲜明的个性，自我就不复存在，更谈不上个人的魅力了。所以，女人一定要坚守住自己的个性，这样才能够活得快乐精彩。

✿ 高情商女人**法则**

1. 女子有才也有德，做一个有才情的女子就要养成良好的阅读习惯，让自己变得更有涵养。

2. 在阅读之外，女人还应该不断充电，学习一些更新、更实用的东西，来充实自己的内心。

3. 一个女人就算再有智慧和智识，如果没有自己独立的个性，也是没有魅力的。所以，女人要学会坚守自己的个性，让它成为自己最独特的武器。

Emotional Quotient

气质是无法"拷贝"的

　　女人的美丽可以是与生俱来的，但气质一定是后天修炼的结果。一个有着空谷幽兰般优雅气质的女人，即使貌不惊人，人们也会被她的韵味所折服。反之，一个女人就算外表再美丽，若是毫无内涵，也难以给人留下深刻的印象。

　　现实生活中，我们经常会看到一些女人穿金戴银，身上的小配饰都是世界名牌，却让人感受不到独特的气质和美丽的味道。为什么？因为这些女人只追求外在的美丽，却忽略了对内在涵养的修炼。因此，她们的审美能力和品位自然都达不到气质美女的水准，当然也就无法吸引他人的目光。

　　修炼气质并不是一件轻松容易的事情，它需要女人日复一日地坚持，才能慢慢地累积，并且达到挥洒自如的程度。总之，这是一门永恒的课题，需要女人用心研究。

学会信心满满，展现独特魅力

镞子从小的愿望就是要当一名出色的新闻记者，但是因为家境贫寒，她只念到高中就退学了，没有机会进入大学继续深造。但是，镞子并没有因此放弃自己的梦想，她在工作之余努力学习相关的专业知识，一有时间还会去大学旁听。

后来，她听说一家大报社要招考记者，赶紧报名参加考试。她顺利地通过了笔试。当她来到面试现场，主考官质疑她的学历时，她非常自信地回答说："我的学历虽然不高，但是我相信我的专业素养并不比其他的大学生差。如果你们不相信我的能力，我可以先以不支付工资的实习生身份来见习。如果你们评估之后还是觉得我不合适，可以随时请我离职。"

主考官们都被她的自信打动，决定让她试试。果然如同她自己所说，她对新闻的敏感和对文字的控制能力，的确比很多大学生甚至硕士生更加优秀。不到一个月，她就成了报社的正式员工。最后，她凭借着自身不断的努力，终于在新闻界闯出自己的一片天地，成为大家熟知的著名记者。

镞子能得以实现自己的愿望，就是因为她拥有自信，相信自己的能力。在现在这个社会，那种自怨自艾和柔弱无助的女人已经逐渐失去了市场，现代社会也逐渐摒弃了男尊女卑的思想。**男人可以实现的事业，女人也一样可以。**

一个女人最迷人的气质，就是她的自信。一个拥有自信的女人，不需要任何装饰品，也能吸引人的目光，因为她本身就是一道最靓丽的风景。对于女人来说，自信不仅仅是一种气质，更是一种人格魅力。

做一个善解人意的女人

会琴是一个聪明的女性，和老公非常恩爱。她的老公常年在外经商，但他们的感情却一直非常融洽，从没出现过一丝裂缝。

曾经有人问过她，是否担心自己的老公在外面拈花惹草？会琴的回答是："我和他向来都是平等的。从我们相爱的那一天开始，我就把我的信任交给了他。我虽然爱他，但是从来不会把我的意志强加给他。我虽然希望他是完美的、成功的，但是我从来也没有把我自己的一切都抵押给他，又有什么需要担心的呢？"

原来，会琴虽然深爱自己的老公，但并没有因此失去自我，她同样很爱她自己。对于感情的事情，她向来看得很开。就是这样一个善解人意的聪明女人，紧紧抓住了老公的心。

　　这里所说的善解人意，其实和女人的温柔没什么区别，但善解人意是更高的境界。男人固然喜欢女人的温柔，但是温柔有时似乎又是一种没有原则的爱。**如果一个女人对一个不值得爱的男人付出了温柔，就等于成全了他们的罪恶。**

　　爱情应该有所节制，应该往良善层面发展。所以好女人对待男人只需要善解人意就好了，不要一味地为情所困，让感情变成了生活中的全部。

　　一个聪明乐观的女人，往往会让自己的心灵变得通达起来，让爱在一种平淡中走向永恒。有时候不如将感情放开一点，这样你也许会发现，生活中还有很多比感情更值得用心对待的事情。有的女人从一开始就将自己摆在了乞求感情的卑微地位，对自己没有自信，最终导致了无法挽回的悲剧。

　　做一个善解人意的女人，不将男人当成一切的重心，他们反而会觉得你是一个很可爱、很有气质的女人。所以，在感情生活中，一个有气质的女人一定是心怀善意、心灵通达的，这样的女人在男人心目中才是真正可爱的，让男人在无形中迷恋于她的气质和魅力，共享幸福生活。

为人处世，保有自己的看法

婷婷离乡背井，从偏远乡镇来到北京工作，在北京生活了将近三年。很多和她一起北上的女孩都渐渐地被这个大都市的浮躁和繁华蒙蔽了双眼，从而迷失了自我，只有婷婷依然保持着三年前刚来到北京时的清纯可人，依然保持着乡下女孩纯真朴实的本色。

和她住在同一栋租屋的女孩，几乎都交了男朋友，只有她还是单身一人。姐妹们问她为什么不交男朋友，她说："我不喜欢这里的男人，因为我的家乡并不在这里。我北上工作只是想多存一点钱，一方面寄钱回家让弟弟能够继续上学，另一方面是留给自己今后结婚用。"

她说她以后也会找个适合自己的男朋友，她一定会找一个老实又守本分的男人。在她的朋友圈，很多姐妹并不想永远只做一些又累又枯燥的工作，所以想尽各种方法结交有钱男友，甚至当有钱人的情人，她觉得这样的生活不可能永远幸福。

在婷婷的计划里，只想靠自己的努力工作来存钱，然后回到家乡过幸福平静的生活。婷婷始终坚持着自己的看法，努力朝目标迈进。其实婷婷的打扮一点也不时尚，甚至还有点土气，长相也算不上好看，但是工厂里所有的男同事都觉得她真挚又可爱，有一种清新脱俗的气质，在男同事眼中是追求名单的前三名。

一个有气质的女人，绝对不会像水中的浮萍那样，漂到哪就是哪。反而会**像出淤泥而不染的青莲一般，始终坚持自己的原则。**就像婷婷那样，不管做什么事情，都要坚持自己的目标，决不会因为大多数人的改变，而放弃自己的初衷。

一个有气质的女人，不一定要拥有时尚的穿着和靓丽的外表，能站在现实的基础上，清醒地审视自己，并坚持自己的看法，这样的女人才是最有魅力、最可爱的女人。

✿ 高情商女人**法则**

1. 一个女人的气质需要经过修炼才能得到提升，其中最重要的一点，就是要对自己有信心。

2. 女人需要爱，但不能因此一味地顺从男人。只要善解人意，心灵通达，你就是男人眼中可爱的气质女人。

3. 坚持自我就是女人最佳的气质。不管在什么情况下，女人都要有自己的主见。

Emotional Quotient

良好的形象是美好生活的代言人

生活的经验告诉我们，虽然每个女人都想追求完美的形象，但是很少有人真正去注意自己在生活以及社交中的形象。唯有能够随时保持良好形象的女人，才能在众人之中脱颖而出。而要想保持良好形象，第一步就是要打理好自己的面子。

再忙，也别忘了打扮自己

雅安一毕业就进入了一家知名的杂志社担任编辑，为了能快点做出一番好成绩，她把所有心思都花在了工作上。皇天不负苦心人，雅安很快就因为一篇专栏文章引起了很大的反响，迅速地由一名菜鸟成为专栏主编。

如此一来，她的工作任务又重了很多，只好更努力投入到工作之中。她整天都像一个不停旋转的陀螺，恨不得连休息时间都挤出来工作，更别说能有时间好好打扮一下自己了。她每天早上一起来，只是简简单单地用清水洗一下脸，然后就顶着两只大大的熊猫眼去上班。

　　就这样又过了几年，雅安依然还只是一个专栏主编。照理说，她的工作能力是有目共睹的，在自己的工作岗位上也做出了不少成绩，不但业务能力强，和同事们也相处融洽，但是为什么没有继续升迁呢？

　　后来好朋友的一番话让雅安彻底明白，原来就是因为自己不注重形象，所以才失去了升迁的机会。公司领导每次遇到重要的采访想让她亲自出马，都担心对方会以貌取人，认为杂志社不注重形象、不专业而作罢。

　　现实生活中，很多追求成功的女人也和雅安一样，只注重培养自己的能力，而忽视了对自己形象的塑造。其实，**现代社会的竞争是全面性的，不仅需要在智慧和实力上角力，更要注重气质和形象。**

　　很多女人都以没有时间为借口而忽视对自己的打扮。须知世上没有丑女人，只有懒女人。抽出一点时间好好打扮一下自己，产生的效益远比你加班完成工作要高得多。

　　英国经济学家曾经做过一项调查，调查显示，女人的外貌条件对于职场发展的影响是不容忽视的。长相平平的秘书和漂亮的秘书相比收入要低15％，形象不佳的女人也要比形象好的女性收入低10％。所以女人在工作的同时，别忘了借由打扮自己来提升自己的形象魅力。如果精心打扮能够让人感觉自己很重视这份工作，有助于自己事业的发展，那么抽出一点时间来打扮自己又何妨呢？

适合自己的，才是最好的装扮

玲玲是那种一旦走入人海，就很难一眼认出的女人。她的长相并不出众，但她就是有一种吸引人的特质。只要和她实际相处过的人，都不会觉得她平庸，反而认为她身上有一种很迷人的魅力，是一个不折不扣的美女。

原来，玲玲有属于她自己的一套化妆法。她并不追求最昂贵、最时尚、最流行的，只追求最适合自己的美妆保养品，所以才让自己散发出与众不同的魅力，成功地推销了自己。

女人追求美丽并不是一种过错，只怕盲从跟错了方向、用错了方法。很多女人喜欢模仿女明星的装扮，希望自己也能变得和她们一样闪亮动人。可是往往到最后，一样的衣服穿在自己身上，总觉得差了一点什么，并没有替自己赢得期望中的吸引力。还有很多女人在购买东西时总偏爱最贵的、最知名的，但是花了大钱之后，外表并没有因此而加分。这些女人并没有因为打扮而变得更加美丽，原因在于用错了方法。其实化妆品不在多，而在精；不在贵，而在实用。女人们都应该像玲玲一样，选择最适合自己的装扮，让自己看起来更自然更有精神。

要想知道什么样的打扮适合自己，就需要了解自身的条件，根据自己的脸型、肤色和身材，来选择适合自己的风格——清新甜美、性感妩媚、知性优雅或者活泼可爱。确定了自己的风格之后，再来选择适合自己的服饰。女人必须明白，每一种肤色和肤质都需要不同的化妆品和保养品来打理，才会达到加分效果。选择一款适合自己肤色和肤质的化妆品，会让自己看起来更加迷人。

最后提醒姐妹们，发型和一些精美的小配饰也是不可或缺的。根据自己的脸型特点尝试不同的发型，或者运用小配饰来突显自己的长处，掩盖某些不够完美的地方，一样能够提升自己的形象。

练就可爱的表情，让自己更迷人

美嘉大学刚毕业，就进入了一家公司担任销售员。一开始她很自卑，因为自己长得一点都不漂亮，性格也不是特别活泼，总感觉自己不太适合销售工作。连续三个星期过去，她连一件商品都没有卖出去，这让她萌生了辞职的想法。

就在她犹豫不决的时候，主管芳芳找她进行了谈话。她惴惴不安地走进芳芳的办公室，紧张地站在她面前，担心是因为自己的工作表现不理想，所以要被主管训斥。没想到芳芳热情地招呼她坐下，并亲自倒了一杯茶给她。

美嘉在芳芳脸上看到了和蔼的微笑，一点责备的神情都没有，心里觉得奇怪，她难道不是要训斥我吗？芳芳像是看穿了她心里的想法，笑着说："你放心吧，我不会责怪你的。我知道你最近工作上好像不太顺利，是遇到什么困难了吗？不妨说来听听，也许我可以帮上忙。"

看到芳芳的和蔼态度，美嘉把自己的苦恼和想法一股脑倾泻而出。芳芳说，没有人天生就是销售员，还建议美嘉先不要辞职，再努力三个月看看，如果还是做不出成绩，就同意她离职。她还对美嘉说："就算你长得不漂亮，难道不能用可爱的表情来让自己变得美丽吗？"

芳芳的话让美嘉思考了很久，于是美嘉开始对着镜子苦练自己的面部表情，让自己的表情更加可爱自然，并研究适合自己的淡妆。之后的三个月，美嘉的销售成绩越来越好，

很快她就被公司评选为最有潜力的新人。现在的她不但不想
辞职，还想成为和芳芳一样的女人，当初的自卑也已经被强
大的自信取代了。

美嘉的故事告诉我们，**就算没有精致漂亮的五官，丰富
的表情就是最好的装饰品**。只要拥有可爱的表情，女人也可
以变得很迷人。女人的吸引力不只表现在容貌，还有表情，
因为表情代表一个人的内心。只有内心丰富的人，才会拥有
活泼灵动的表情。和这样的人在一起交流互动，无疑是一种
美丽的享受。

🌸 高情商女人**法则**

1. 女人的形象代表着一个家庭和企业的形象，所以即使
   工作再忙，也要好好打扮自己，提升自己的形象，以
   赢得更多的机会。

2. 女人要了解自己的特点和长处，打扮的时候扬长避
   短，只选择适合自己的风格，不要随意模仿别人。

3. 如果没有漂亮的五官，可以练就可爱又丰富的表情，
   这样的女人同样很迷人。

Emotional Quotient

Part ❷

所谓情商高，就是会说话

懂得倾听，最得人心

一个女人在和人交往的过程中，专注地倾听别人讲话，是她所能给予别人最有效也是最好的赞美了。不管说话的是她的上司、下属、亲人或者朋友，倾听发挥的作用都是一样的。不管什么人，都希望自己的意见或看法被人重视，当有人表示愿意听他讲话的时候，他马上就会有一种被人重视的感觉。

在简·奥斯汀的小说《傲慢与偏见》中，二女儿伊丽莎白在一次茶会上，专心地倾听一个刚从非洲旅行回来的男士讲述自己在非洲的见闻，从头到尾几乎都没有说什么话。但在分手的时候，那位男士却赞赏伊丽莎白是一个擅长言谈的女孩。这就是倾听别人说话的魔法。

当然，真正的倾听并不仅仅是保持沉默，只用耳朵去听而已。女人要学会倾听，就要学会用眼睛、用耳朵、用心去倾听，这样才能掌握主动权，并且掳获人心。

做一个沉默的倾听者

　　菲菲刚进入一家新公司，想要尽快融入新同事们的圈子，但是因为她的性格比较温和内向，除了必要的工作接触外，她并不知道该怎么和同事们相处。一个星期过去了，她连一个新朋友都没结交到，为此她很苦恼，真不知道该怎么办才好。

　　她将苦恼倾诉给自己的男朋友。男朋友建议她先不要急于和别人搭话，尽量多参加一些团体活动，并且在参加团体活动的时候，不要急于发表自己的看法，而是先做一个倾听者。菲菲虽然对男朋友的话半信半疑，还是决定试一试。

　　后来菲菲在参加了公司举办的一次联谊餐会之后，所有的苦恼都解决了，她兴奋地告诉男朋友她的进展。原来，菲菲在参加联谊餐会的时候，有好几个同事都在高谈阔论，而菲菲在他们发表自己的看法时，只是一直安静地坐在旁边倾听。同事们感受到她的体贴以及柔善，后来感情就渐渐融洽了起来。

　　菲菲尝到了倾听的甜头，之后她在公司里，不管是谁在说话，以及说话的内容是不是和工作有关，她都会先做一个倾听者。久而久之，菲菲靠着一颗愿意接纳他人的心灵，成了公司里受欢迎的人。

菲菲之所以成功地解决了自己的烦恼，就是因为她懂得如何适时地去做一个沉默的倾听者。沉默也是人际交往中的一种手段，看似好像只是一种无状态，却蕴含着丰富的含义。它就像是乐谱上的一个休止符，运用得当，就能达到"此时无声胜有声"的效果。

但是沉默并不是万灵丹，如果不分场合，故作高深地沉默，就会适得其反。而且，沉默若能和语言相辅相成，就能达到最佳的倾听效果。**聪明的女人，会在该沉默的时候保持沉默，该说话的时候发表自己的意见。**

沉默并不代表呆若木鸡，如果真的不知道该说些什么，不妨运用自己的肢体语言，用一些表情表示自己正在认真倾听，这样才会让谈话的氛围更加融洽。

适度地提问以表示关心

蕊蕊的好朋友欣欣最近遇到了很多烦心的事情，但是又不方便向别人倾诉，所以想向蕊蕊讲自己的心事。欣欣在电话里哭得很伤心，抱怨她的男朋友欺负她，不爱她了。刚开始，蕊蕊还能静下来听听，但是欣欣这样的抱怨已经不是一两回了，蕊蕊已经听得生厌。她知道欣欣只是想发泄一下自己的情绪，于是分心开始沉思最近自己生活的不顺遂。

蕊蕊家里最近出了很多事情，先是妈妈生病住院了，后来姨妈又被检查出得了肾结石，需要做手术治疗。她们好不容易情况比较稳定，差不多可以出院了，这时哥哥却在工地突然跌倒受伤，现在还在医院里进行观察。这一连串的打击，快让蕊蕊无法承受了。

正在蕊蕊陷入低潮情绪的时候，电话那头突然安静下来，听不到欣欣的声音了。蕊蕊赶紧问："喂？欣欣你还在吗？"电话那头传来欣欣冷静的声音："你到底有没有在听我说？"蕊蕊听到欣欣的语气不对，赶紧说："有啊，但是你怎么突然不说话了？"

欣欣突然歇斯底里地说："你根本没有在听我说话，是不是连你也嫌弃我，不想要我这个朋友了？"蕊蕊赶紧否认，但是欣欣马上反驳说："你说你有听我说话，那你怎么都没有反应，也没有问我细节？"

蕊蕊这才知道原委，于是她向欣欣坦承，自己也正在为最近生活的不顺遂而烦恼，解释自己为什么没有仔细听她讲话。欣欣听了后又反过头来关心蕊蕊，并且能够理解蕊蕊的心情，两个人很快和好如初。

为什么隔着电话，欣欣还能够感觉到蕊蕊并没有认真听她讲话呢？就是因为蕊蕊对她的谈话内容完全没有反应，才被听出了端倪。就像她自己所说，如果蕊蕊真的有在听她讲电话，为什么都没有提问？这个小故事告诉我们适度提问的重要性。

进行适度的提问，也是倾听的一种方法，它既能表示自己正在认真听，又能鼓励他人，让沟通更顺畅。如果一场谈话从头到尾，你都一言不发，不做任何表示，即便自己听得很认真，别人也会认为你心不在焉。

耐心倾听，别随意打断别人的谈话

姗姗是一个推销员，她从来都不觉得自己工作辛苦，因为她很享受推销过程中的乐趣。对姗姗来说，每天最大的乐趣就是在工作结束之后，细细回味自己这一天的收获。但是今天对她来说，却很难体会到那种乐趣了。因为她今天本来可以接到一笔大订单，眼看就快要成功了，却在最后时刻惨遭"滑铁卢"。更惨的是，无论她再怎么努力地想要说服对方，对方都不愿意从她那里下订单了。

她思考了很久，却始终想不明白，自己究竟是在哪个环节出了问题。最后实在忍不住，她拿起电话，向白天的客户虚心地请教原因。

虽然她很诚恳地向客户道歉，但是客户的口气依旧不是很好，对她说："麻烦你看一下时间，现在都几点了！"

"我很抱歉这么晚还打扰您休息，但是我真的很想知道自己失败的原因。您愿意告诉我，究竟是哪里出了问题吗？我们之前不是谈得很愉快吗？"

客户迟疑了一下，问道："你真的很想知道吗？"得到姗姗肯定的回答之后，他接着说："你现在倒是想听我说话了，如果在白天你也能像现在这样，我想我早就把你们的产品买下来了。在成交之前，我一直在和你分享我孙子的聪明和乖巧，但是你根本就不想听我说。"

姗姗这才想起来，对方在谈论他孙子科展得奖的时候，她是如何无礼地打断了对方的谈话。在当时，她根本不想听到和销售无关的任何事情。于是她终于明白，对方不仅需要她的产品，也需要有人能够倾听以及分享他的心情。

这个故事告诉我们，在别人说话的时候，一定要有耐心，千万不要随意打断别人的谈话——哪怕对方的谈话内容和你的工作完全无关！

另外，当对方说话的内容太过庞杂，或者因为情绪过于激动，语言的组织能力和表达技巧有些凌乱的时候，一定要

耐心听完对方的讲述。即使有些内容你并不十分感兴趣，也一定要记住，千万不要在别人还没有说完的时候，就打断别人的谈话。当别人正说得高兴的时候，如果你还随便地打岔，改变谈话人原来的思路，甚至随意发表自己的评论，都是一种没有礼貌和教养的行为。

❀ 高情商女人**法则**

1. 倾听是对别人最好的恭维，善于倾听的女人往往可以收获好人缘。在倾听的时候，可以保持适当的沉默，或者利用肢体语言做出对等的回应。

2. 在倾听的时候，可以适时地提出一些问题，这样既能鼓励讲述者，又能表明自己正在认真倾听，并没有分心。

3. 在对方说话的过程中，千万不要随意打断他的谈话，这是非常不礼貌的行为。倾听时保持耐心，能让你在对方心目中留下好印象。

Emotional Quotient

会说话的女人，一开口就赢了

　　说话是每个人与生俱来的能力，尤其对于女人，说话的欲望总要比男人更加强烈。我们可以发现，一群女人要是聚在一起，可以从娱乐八卦聊到国家大事，再从国家大事聊到天南地北。只要有女人在的地方，永远都可以听到她们的说话声。

　　但是我们同时也会发现，有的女人说出来的话会让人感觉很舒服；但是有的女人只要一开口，就会让人觉得话不投机半句多。这并不是因为她们说话的声音有多大的差别，而是因为她们说话技巧的不同。

　　女人的说话术，绝对是一门大学问。一个伶牙俐齿的女人，远比一个光有能力却不会说话的女人离成功近得多，因**为她一开口就能让人感受到自己的个人魅力。**每个人都希望能够听到好听的话，所以新时代的女性在职场冲刺的同时，也别忘记训练一下自己的嘴上功夫，让自己更成功。

恰当的称呼给人留下好印象

云曦今年快六十岁了，但是因为平时很注重保养，所以看起来要比实际年龄年轻很多。

有一天她去花市买花，一个小女生过来问："老奶奶，您需要什么花吗？我们这里有很多种，您看看需要哪一种，我帮您挑……"

她还没说完，云曦的脸色马上就变得很难看，没有说任何话就直接走了。小女生感到很疑惑，不明白究竟是怎么回事，自己不是很有礼貌吗？

一个懂得察言观色的摊贩，大概看出了端倪，马上嘴甜地对着云曦说："小姐，来看看我这里的花吧，又好看又好闻，还很容易养呢！"云曦听了之后很高兴，东看西看，每一盆都爱不释手，最后每个种类都选了一种通通带回了家。

这时隔壁的小女生才明白了个中奥妙，云曦虽然年纪有点大，但是并不喜欢别人叫她老奶奶。因为云曦平时喜欢养些花花草草，所以花市里的人都了解她的脾气。可惜这个小女生第一天来打工，马上就碰了一个"硬钉子"。

由此可见，**恰当地称呼别人是非常重要的。**如何恰当地称呼别人是一门艺术，如果称呼不得体，很容易让人产生反感，甚至怀恨在心。称呼得好，就能让别人对你产生好感，喜欢并且记住你。

在和人交往的过程中，如何恰当地称呼对方，是搭建良好交流桥梁的前提，也是尊重对方的一种具体表现。一个懂得称呼对方的女人，才会讨人喜欢。所以，聪明的女人在称呼对方的时候，一定不能马虎，否则容易引起对方的不快，让双方陷入尴尬，甚至导致沟通不畅或者谈话中断。

但究竟什么样的称呼才算是恰当的呢？这就得发挥女人们的聪明和心机了，你可以根据对方的年龄、身份等来加以判断。尤其在面对女人的时候，年龄问题往往是特别敏感的，不管怎样，最好把对方的年龄少说四五岁。

另外，想要成为一个受欢迎的女人，就要根据对方的年龄、职业、社会地位、身份和自己的关系，以及对应的场合等一系列的综合因素，来选择合适的称谓，这样才能提升自己的魅力指数。

改变说话的方式，让别人更爱听

美美和莉莉是一对双胞胎姐妹，长得都很漂亮，按理说别人喜欢她们的程度也应该是差不多的，但实际上并非如此。整个社区的人都很喜欢美美，但是对莉莉的印象却不怎么好，不愿意和莉莉相处。这是为什么呢？瞧瞧她们说话的方式你就明白了。

有一天，她们俩正在咖啡馆里喝咖啡，刚好进来一个知名歌星，莉莉悄悄地对美美说："姐，快看，是那个著名的歌星，但是我觉得她本人比电视上难看多了。"美美却回应说："我也觉得电视上的她比较好看一点，但本人的皮肤还算不错啊！"

还有一次，她们俩一起去做头发。莉莉的发型师是一个很胖的中年女性，做完头发之后，莉莉就对美美说："我那个发型师的皮肤好白，就是有点太胖了。"美美说："虽然她是有点肉感，但是她的皮肤这么好，还真让人羡慕。"

现在你大概可以明白，为什么大家比较喜欢美美了。就是因为她说的话让人觉得舒服。其实她说的话和莉莉是同一个意思，只是说话方式不一样而已，结果表达出来的感受却完全不一样。如果我们在说话之前，稍微转变一下说话的方式，并且强调优点，不执着于缺点，这样即使是在批评对方，也会更容易让人接受。

比如你的一位同事正忙得焦头烂额，恰好你有事情找她，她心里一定会觉得不耐烦，希望有什么事情等她忙完了再说。这种时候，你千万不要因为你的事情真的很紧急，认为有足够的理由让她停下手上的工作，就强迫要她先帮助你。如果你可以先表达出愿意帮忙的诚意，再跟她表示手上的业务也急需她帮忙，那么就算最终她并不需要你的帮忙，也愿意反过来帮你一把，并且缓解工作中一触即发的紧张气氛。

同样一句话，在会说话的女人口中，就像是一块甜甜的巧克力；但是到了不会说话的女人口中，就像是一把伤人的利剑。所以，想做一个会说话的女人，不妨转换自己的说话方式，让别人更爱听。

学会说"谢谢"，赢得好人缘

燕燕是个很能干的女孩，是公司从其他公司高薪挖过来的市场经理，因此难免有点心高气傲。她来到公司后，大家照例开了一个新同事欢迎会，但是燕燕不但没有表示感谢之意，还在致辞时给了大家一个下马威，请大家以后在工作上要听从她的安排，搞得大家郁郁寡欢。

　　燕燕的确很有能力，在她的带领下，市场部很快接下几个大订单，得到了总公司的嘉奖。但是她似乎不怎么高兴，因为她觉得大家好像都不太愿意接近她。有一次她看见同事们在讲悄悄话，聊得很开心，但是当她一走过去，大家就马上噤若寒蝉了。大家好像都把她排除在这个小团体之外。

　　燕燕始终搞不懂究竟是什么原因。有一次，她请秘书送档案进来，然后什么话都没说，挥挥手就请她出去。秘书刚走，她就想起还有事情需要秘书帮忙，正准备开门把秘书叫进来的时候，就听见秘书在外面跟同事嘀咕："虽然她是上司，但是我们又不是她家里的用人，帮她做事连个'谢谢'都没有，真让人不舒服。"

　　燕燕这才明白大家都不喜欢她的原因，就是因为自己太过直接，不懂得感激，结果坏了人缘。心里有了底，当秘书再次帮她完成了工作之后，她诚心诚意地笑着对秘书说了声谢谢。后来，不管同事帮她做了一件多么小的事情，她都会表达出自己的感谢之意。最后大家终于慢慢地接纳了她，有什么新鲜事也愿意和她一起分享了。

　　燕燕的故事告诉我们，在和别人说话的时候，要学会感恩，学会说"谢谢"，这样自己的路才会越走越宽。**在浩瀚的**

词海中，很少有什么话，一说出来就能获得别人的好感，"谢谢"这个词就具有这样神奇的魔力。

很多女人并不是不想表达自己的感激之情，只是不知道该怎么开口，只好选择沉默。也有的女人太过害羞，虽然表达了谢意，却让人感觉不自在。就是因为"谢谢"这个词太过简单，所以常常被一些人忽视，以至于失去了好人缘。所以，要想当个会说话的女人，话不用多，请先从"谢谢"说起。

❀ 高情商女人**法则**

1. 会说话的女人才会讨人喜欢。在和别人交谈的时候，要想在第一时间留给对方好印象，首先要根据对方的年龄、职业、身份等，来选择合适的称呼。

2. 同样一句话，如果说话的方式不同，效果也不一样。尽量挑别人喜欢的方式来说话，会让人更容易接受。

3. 在接受他人的帮助或者赞赏之后，要懂得感激，多说"谢谢"，才能赢得好人缘。

Emotional Quotient

恰到好处的幽默，才是高情商的体现

　　大家都喜欢和风趣幽默的女人打交道，因为她们会给人一种亲切感，让人更容易接近。一个懂得幽默的女人，总是会用智慧吸引很多人，从而淡化她的其他外在条件。这样的女人能够自然而然地散发出一种特殊的磁场，让大家都愿意接近她。

　　女人在和人交往的过程中，不妨适时地展现幽默，因为这样能够建立一种更美好的关系，也可以赢得别人的信任和喜爱。可以说，幽默是女人成功社交的一种捷径，它不仅能帮助你和其他人有更好的交流，还能协助维持自己的特殊人际网络。

　　女人的幽默是非常可贵的，尤其在气氛非常严肃的场合，一句适当的玩笑可以让气氛顿时变得轻松活跃起来。会说话的女人懂得巧妙地运用幽默来赶走不快，轻松改变全场的气氛。

保持轻松乐观的心情

恩琪的老公是一家大型企业的总裁，在公司举办年会的时候，老公也常带她出席。当员工们逐一向他们夫妇敬酒的时候，有一个年轻人因为太紧张，加上力气比较大，又高出恩琪一个头，一不小心竟然将酒泼到了恩琪的头上。

年轻人吓坏了，以为总裁夫人会狠狠地臭骂自己一顿，然后把他给解雇。没想到恩琪却很大方地笑了一下，说："年轻人，你该不会认为酒能够滋养我的头发吧！我可从来没有听说过这样的秘方呀！"恩琪一说完，大家都哈哈大笑起来，这个年轻人更是对她敬佩得不得了。

不难看出，恩琪是一个具有幽默感的女人。虽然她因为这个年轻人而狼狈万分，却让人感受到她豁达的心胸和无穷的智慧，让人心生敬佩。如果每一个女人都能拥有一份豁达的心胸、幽默的智慧，那么她们将生活得更加快乐。

女人要想变得幽默，就需要保持乐观开朗的心态，**因为幽默只属于乐观的女人。**如果一个人是消极、悲观的，是不可能从内心笑出来的。只有当一个人具备了乐观的态度，才能够对一些不尽如人意的事情，保持淡然处之的态度。

幽默，是一个人对待生活的态度，也是充满自信的表现之一。一个女人只有对自己的生活充满了希望，才能由衷地发出笑声。幽默的女人即使身处极其困难的环境，仍然会对生活充满信心，逆向操作以治愈生活中的各种伤痛。对于一个整天心事重重的女人来说，生活中到处都是绝望和痛苦，快乐只不过是幻觉。这样的女人，又怎能得到真正的幸福呢？保持一颗快乐的心，试着在人际交往中善用幽默的力量，不妨偶尔开一些无伤大雅的玩笑，轻轻松松为大家营造出活跃的交流气氛。

幽默也要有个限度

碧华马上就要毕业了，正忙着到处找工作。她相中了一个职位，可是这个职位竞争十分激烈，最后只接到了对方"抱歉，未能录用"的信件回复。碧华本来就是抱着试试看的心态投递的简历，所以也没放在心上，但还是决定幽它一默。于是，她马上就回了一封邮件："既然贵公司对于没有录用我而感到抱歉，那么为什么不给我一次面试的机会呢？"

可能是她的幽默感起了作用，这家公司针对一个更好的职位，向她发出了邀请面试的邮件。对于这个不经意得到的面试机会，碧华很珍惜，所以做了很多相关职位的功课，想尽最大努力去争取这个职位。也由于她觉得这个面试的机会是她用幽默换来的，所以她决定在面试那天，还要好好发挥一下自己幽默的才能。

到了面试那天，碧华精心准备了很多幽默的自我介绍。面试的时候，她的自我介绍确实发挥了作用，让面试的负责人笑声不断。当面试结束之后，她对这个职位感觉已经是胜券在握了。但是出乎她意料的是，她并没有被录用。

她不明白自己为什么再次落选，所以打电话去询问详细原因。当天面试她的那位负责人告诉她，虽然她的自我介绍很幽默，但是并不适合这个职位。因为这个职位需要的是一个严谨、稳重的人，但是她太过幽默，缺少沉稳，所以才没有录用她。碧华这才明白，原来幽默并不是越多越好，也要有个限度。

正所谓过犹不及，做什么事情都要有分寸，幽默感也是一样。如果幽默过度，做出有违礼节的事情，那么不仅达不到自己想要的效果，还容易适得其反。所以，**务必要根据时间、地点和人物的变化，掌握好幽默的限度**。

一个懂得幽默的女人明白，真正具有幽默感的开场白是很难得的，既要让人觉得有趣，也要不失分寸。如果你也想成为一个具有幽默感的女人，就千万要把握好幽默的尺度，不要过度幽默，也不要变得冷场，而弄巧成拙。

适时适地，开个小玩笑

　　许多夜市中的日式小吃店都喜欢在门前挂上一个纱帘或者珠帘，让自己的店面看起来更有日式风格。有一天，一名年轻人正掀起帘子准备出去的时候，淑娟刚好从外面要进来，一不小心踩了年轻人一脚。年轻人"哎哟"一声，往前踏了几步，差点跌倒。淑娟及时扶了他一把，说道："对不起！"并让开站到一边，想让他先出去。

　　年轻人还是觉得很生气，大声朝淑娟喊道："你是用什么走路的啊！"淑娟感到有些委屈，虽然自己踩到了他，但那是因为有条帘子挡着，两个人应该都负有责任。自己已经好声好气道歉了，对方还这么大声怒吼，真的很过分。淑娟本来想反唇相讥，但是转念一想，这样他们两个人肯定会大吵起来。而且自己穿的是高跟鞋，踩到人家的脚，对方一定因为很痛，所以才会生这么大的气。于是她笑着说道："对不起，我是用脚走路的。有没有踩疼你？"

　　年轻人听到这几句话，再也生不出气来了，他也笑着对淑娟说："是我不好意思才对，没吓到你吧？"

　　一场即将发生的口角，因为淑娟的幽默感而化解了。

　　在适当的场合和时机，适度开个玩笑，幽生活一默，可以顺利地调节气氛。但是如果幽默的尺度没有掌握好，开玩笑开得太过分，则会弄巧成拙，让大家更加尴尬。就像"烽火戏诸侯"的历史故事一样，周幽王为了讨美人欢心，在没有战事的时候燃起烽烟，号召诸侯集结。当诸侯们急急忙忙赶来支援的时候，才发现这是一场大玩笑，却敢怒不敢言。结果后来真的兵临城下之时，却没有人愿意来帮他了，周幽王最后只能自取灭亡。这就是不当地使用幽默感所造成的严重后果。

　　没有人不喜欢幽默，但记得要注意场合以及察言观色，如果发现对方有些不快就应该马上停止。否则得罪了心胸宽广的人还好，对方可以一笑置之；但如果得罪了小人，那么对方必定会伺机报复，让你不得安宁，那可就得不偿失了。

● 高情商女人**法则**

1. 幽默只属于乐观的女人，只有时刻保持一份轻松愉悦的心情，对生活充满希望，才能用幽默带给大家快乐。

2. 幽默虽然能增添女人的魅力指数，但是如果超出了一定的限度，就容易弄巧成拙，反而会让人心生不悦。

3. 幽默也要注意区分场合，否则很容易戳到对方的痛处，只能让彼此更尴尬。

Emotional Quotient

巧妙救场、化解尴尬的灵活话术

如果你陪同主管出席一个开幕酒会，现场有人故意挑主管的毛病，让他陷入尴尬的局面，你会怎么做呢？

如果你的两个好朋友因为一件小事发生了争吵，作为一个局外人，你该如何化解这场纷争？

如果你不小心在公共场合出糗了，又该怎样化解尴尬呢？

一个聪明的女人，往往能够根据现场的实际情况随机应变，巧妙地化解尴尬。一个善于为别人打圆场的女人，一定是招人喜欢的。

请为你的上司解围

倩倩是一家奶粉公司的总经理秘书。公司最近因为奶粉质量问题，有些宝宝吃了这种奶粉后住进了医院。很多记者都来到公司要求采访，他们在公司门口遇到了倩倩，就向她询问情况。

倩倩因为害怕承担责任，就对记者说："具体情况我也不是很清楚，我们总经理就在办公室，你们还是直接上楼去问他好了。"这下可好，记者们一窝蜂地冲进了总经理的办公室，他想躲都躲不了了，只好硬着头皮应付记者们的各种问题。

事后，总经理知道倩倩不但没有事先通报，还把所有的责任都推到自己身上，非常生气，马上就把倩倩解雇了。

倩倩为什么没能保住自己的工作呢？就是因为她不懂得为上司解围。本来奶粉因为质量问题引来记者采访，就不是一件光彩的事情。当上司还在追查事件缘由的时候，最需要的就是贴心又有能力的下属能够为自己挺身而出，争取解决问题的时间。

所以，倩倩这个时候最应该做的不是推卸自己的责任，而是应该勇敢地面对记者，说明目前的处理状况，**首先维护总经理的面子和威信，而不应该把所有的问题都推到总经理身上。**

如果倩倩当时能够巧妙地应对记者们的问题，不管后续如何，总经理心里一定会记住倩倩的功劳，即使当时没有明确的表示，也可能会在适当的时候提拔倩倩。但倩倩没有这样做，反而使自己的上司陷入了尴尬的局面，不被解雇才怪。

很多女人都希望自己的上司能帮助自己解围，她们却忘记了自己是一个下属，对于上司而言，两者之间应该是相互帮助的。当上司处于问题的焦点时，同样也希望下属能在关键时刻帮自己解围。

上司往往很爱面子，尤其是在女性下属面前。如果在公众场合出丑，是一件非常尴尬的事情。如果这个时候你能够站出来帮他圆场，缓和尴尬的气氛，他就会对你心存感激。反之，如果只顾着自己，那么你就会离升官发财越来越远。

打圆场也要不偏不倚

纤桦家开了一间小面馆，因为风味独特，所以每天都高朋满座。但因为店面比较小，很多客人都必须排队等座位。有一天，一个中年妇女等了很久，终于轮到自己用餐，她点了一份自己喜欢吃的牛肉面。

她的面很快就端上来了，她想先喝口汤暖暖，可能是因为汤的香味刺激了她的鼻子，一口汤还没有喝下去，随着一声喷嚏，全都喷在了对面一位客人的身上。这位客人当场脸色一变，愤怒地站起来说："你这个人怎么乱打喷嚏啊？现在我的衣服和碗里都是你的口水，叫我怎么吃啊？"

显然那个中年妇女也吓呆了，赶紧向对方说对不起。然后她竟冲着纤桦喊道："你们怎么回事啊，不是告诉过你不要放辣椒吗？"面前的服务生告诉纤桦，牛肉面里根本就没有放辣椒。但做生意以和气为贵，吵下去并不是办法，店里面的其他顾客也都开始议论纷纷。于是纤桦赶紧对这两个客人说："我叫厨房再下两碗面，两位都不收钱，只要大家高兴就好，和气才能生财嘛！再各送一盘小菜。"她这样一说，两个顾客都冷静下来，最后还成了纤桦店里的老主顾。

当你身边的人发生争执的时候，成为夹心饼干的中间人立场总是比较尴尬。作为一个局外人，你应该随机应变，帮忙打圆场，化解彼此之间的冲突。若是漠视问题，反而可能遭受池鱼之殃。

一般情况下，若双方争执的问题不大的时候，最常见的做法就是稀释问题，把争执点淡化。但是如果双方争执的观点明显不一致的时候，这种方法就行不通了。这个时候，你应该巧妙地将他们的分歧点分成两个方向，让每一个人在自己的立场上都有充分发言的空间，才能进行完整的沟通。

谨记在打圆场的时候，作为一个中间人，一定要公正客观，抱持不偏不倚的立场，这样双方才会觉得你没有偏袒任何一方。否则，若是在争执点上火上浇油，还不如不要帮忙。

善用自嘲化解尴尬

芊芊是一个著名的电视节目主持人，有一次电视台要举办一个大型晚会，指定她为晚会的主持人。晚会开始后，所有的事情都进行得很顺利，但是没有想到，就在一场歌舞结束芊芊准备出场时，她竟然在台阶上摔倒了。

在这样大型的晚会上，有那么多的观众在现场，让芊芊觉得非常尴尬。芊芊站起来调整好自己的仪容之后，凭借着她多年的主持经验和良好的口才，对观众说："想必刚刚有注意到舞台的观众，都看到了难得一见的表演。接下来还有更精彩的，大家可千万别错过！"

当她话一说完，全场就爆发出了热烈的掌声和笑声。她这段自我嘲讽的即兴口才，让自己远离了尴尬的境地，并显示出自己卓越的口才和灵活机智，可说是相当成功。

当一个女人自我解嘲，就会显示出自己的大度和坦诚。一个女人敢于暴露自己的问题和短处，往往会让人更加愿意相信她。如果女人能好好运用自我解嘲的能力，不仅可以化解自己的尴尬，还能让人感到轻松和愉快，达到幽默的效果。

蕙兰也是一个能善用自我解嘲化解尴尬的聪明女人。她的体型偏胖，所以经常拿自己的体型来开玩笑，说自己都不敢穿白色的泳衣去游泳，要不然别人还以为是一颗白色的肉球在水里翻滚呢！

她这样的自我解嘲不但没有贬低自己的价值，反而让大家觉得她很可爱。蕙兰借由自己的体型，幽自己一默，让大家都轻松愉快。自我解嘲在应对尴尬的时候，往往有出人意表的特殊功效。

自我解嘲对于女人来说，是一种最高境界的幽默。一个拥有卓越口才的女人，若还能自我解嘲，不但能消除误会，还能打动别人，获得自尊与自爱。当和别人的交谈陷入困境的时候，逃避别人的嘲笑并不是最好的方法。这时候不如洒脱一点，反而能展现出自己的豁达和自信，堵住别人的嘴巴。

———————— ✿ 高情商女人**法则**

1. 作为一个贴心的下属，当上司遭遇尴尬场面时，要主动为上司解围，化解尴尬，这样上司才会心存感激。

2. 打圆场时要学会稀释问题，让大家和气收场。当场面难以控制时，打圆场也要持公正的态度，才能让人信服。

3. 女性善用自我解嘲能巧妙化解尴尬，在自嘲的同时，不但能让自己脱离困境，还能展现出自己的智慧。

———— Emotional Quotient ————

高情商的拒绝就是不拖泥带水

当你面对一个对你苦苦纠缠，但是自己却不怎么喜欢的男人时，你该怎么办？

当朋友找你借钱，但你不太想借的时候，你该怎么办？

当一家公司想用高薪聘请你到他们公司工作，但是你还想留在原来的公司发展时，你该怎么办？

生活中会有很多这样的情况发生，如果你不知道该如何拒绝，那么你的生活必定会变得痛苦不堪，几乎把所有的时间都用来帮助别人解决问题，完全没有自己的时间。尤其是女人，面临的选择题往往比男人更多。如果不懂得拒绝的艺术，最后只会自讨苦吃。

但是拒绝意味着你要反驳别人的意见，别人心里难免会不舒服。所以，要想不伤感情地拒绝，就需要掌握一定的技巧。

让对方知难而退，主动放弃

　　童童是一家公司的部门主管，手下有一个叫作子安的女孩，工作做得非常出色。后来，子安的朋友帮子安找了一份待遇和工作环境比现在公司都好很多的工作。虽然童童对她很器重，但是为了自己的前途考虑，子安还是决定辞职。

　　童童收到她的辞呈之后，感到非常可惜，对她说："你让我先考虑一下吧！"子安见她有挽留的意思，就答应了。几天之后，她再去找童童，商量自己辞职的事。童童对她说："我正要找你呢，你知道上次我为什么没有批准你的辞呈吗？"

　　"不知道。"子安说。

　　"因为那时公司正好通知有几个去国外进修的名额，待遇很好，不管是生活费还是学费，一切费用都由公司承担，那时候我正在帮你争取这个名额。上次你把辞呈交给我的时候，我没有马上答应你，一是因为最后的名单还没有确定下来，二是因为我不想让你走，所以没有马上告诉你。现在名额已经下来了，辞职一事，还是先考虑一下吧，我暂时先不批准你的辞呈。"

　　童童说的话动摇了子安的心，她心想，虽然新公司的待遇很不错，可是自己已经在旧公司工作了这么久，现在又有一个这么好的进修机会，说不定归国之后，自己还能够获得升迁。于是她马上对童童说："我不辞职了。"

童童点了点头，微微一笑，自己的目的达到了。可以说童童拒绝得非常有技巧，她并没有直接拒绝子安的辞职，而是想办法让她自己做决定，最后重新回到自己的工作岗位。

有的时候，做事情要有自己的原则，不能因为想要保持友好的关系，就被迫去做有违自己原则的事情，**该拒绝的一定要果断拒绝**。一般情况下，当你要拒绝一个人时，最好是给对方一个最恰当的理由，这样既可以保持你和对方的关系，也能使别人坦然接受自己的拒绝。但并不是所有的拒绝都需要附带一个理由，若是对方的要求太过无理，也可以直接让对方知难而退。

拒绝时要委婉含蓄

慧珍是一名公务员，她所在的部门最近要面向全国招标。因为她的职位很重要，所以有很多人托关系想向她打听招标的细节问题，甚至还有人想贿赂她，让她透露招标的具体内容。其中，也不乏她的一些好朋友和老同学。

面对这种情况，慧珍一律采取拒绝的态度，但是她的拒绝并不是直接把门关上，而是对每一个想知道细节的人说："你能帮我保密吗？"对方无一例外都说："当然能！"慧珍也笑着说："那我也能帮你保密。"大家一听，就明白了她的意思，并识趣地离开了。

慧珍运用了委婉含蓄的拒绝方法，其中还充满了幽默，表现出她自己的拒绝技巧，既没有让对方感到难堪，又坚持了自己绝对不会泄露机密的原则和态度，取得了很好的效果。

经过这次招标之后，慧珍还和之前向她打听细节的公司保持着良好的合作关系，并且还能够和好朋友、老同学一起谈笑风生，正是得益于她委婉的拒绝艺术。

有的时候，虽然自己的立场正确，但是一味义正词严地拒绝对方，并不是解决问题的最佳方法。这样不仅达不到自己想要的效果，还会让事情朝着相反的方向发展。一个善于拒绝的女人，为了避免对他人的伤害，一定会懂得讲究方法和技巧，委婉含蓄地拒绝，这样才会给自己留下更多机会。**一个不善于拒绝的女人，不仅让别人下不来台，还会让对方对自己心生怨恨。**

所以，在拒绝他人的请求时，一定要灵活多变，根据不同的人际关系类型、说话的特点和交流的内容、场合和时间等，运用不同的方法来拒绝对方，并给对方留个台阶下，这才是一个聪明女人应有的智慧。

学会转移说话的重心

艺馨的老公有一个死党名叫正雷。一天正雷气冲冲地来到艺馨家里，要艺馨的老公和他一块儿去报仇。在他们一再的追问下，正雷气愤地说，自己的女朋友被他们公司的老板侮辱了，他要替女朋友报仇，让那个老板好看。因为担心自己一个人打不过对方，所以想找艺馨的老公帮忙。

艺馨和她老公一听，心里马上有了数。虽然那个老板不是什么好人，按道理是应该好好教训他一顿，但是如果就这么冲动地去寻仇，不但自己会受伤，还会受到法律的制裁。所以艺馨夫妇俩决定好好说服正雷。

艺馨问正雷："你爱你的女朋友吗？"

正雷毫不犹豫地说："爱，当然爱，不然就不会管这件事了。"

艺馨接着说："你既然爱她，就知道爱一个人是多么不容易。这个时候，你的女朋友正需要你的安慰，她需要你陪她从痛苦中走出来。如果你现在意气用事，就不是真正爱她，而是在伤害她，反而会让她陷入更深的痛苦中，她不会因为你替她报了仇就感谢你。坏人应该受到法律的制裁，那个老板的行为已经触犯了法律，法律会帮你们讨回公道。你也知道，我老公在法律界有熟人，我让他帮你请个律师，用法律来惩治那个老板怎么样？"

听了艺馨的一番话，正雷终于冷静下来，最终通过法律的途径把那个老板送进了监狱。

艺馨之所以成功地打消了正雷的复仇想法，就是运用**转移说话重心的技巧，提出了另外可行的办法**。当别人请求你做一件违背原则的事情时，你应该先说明自己的难处，再向对方提出一些可行的办法和建议作为补偿，这样就能减少对方的失落感。如果你提出的办法能够帮助对方解决问题，那么对方就会更感激你了。

🌼 高情商女人**法则**

1. 拒绝别人是一门学问，面对别人的请求时，不妨想办法让对方知难而退，主动放弃。

2. 直接的拒绝有可能会让别人下不来台，用委婉含蓄的方式拒绝对方，才能保留对方的颜面。

3. 转移说话的重心和内容也是拒绝的一种方法，还可以进而提出一些可行的办法，代替之前错误的做法。

Emotional Quotient

管好自己的嘴巴，逢人只说三分话

坦诚率真本来是一种美好的品德，但是有时候也会被别有用心的小人利用，最后伤害到自己。所以，逢人只说三分话，不要抛出自己所有的真心，不要什么话都对别人全盘托出。

只说三分话，不是说噤若寒蝉，而是指没有必要说的就不要说。懂得做人的聪明女人，说话圆滑却保守，知道不需要说的就不必说太多。这种女人不是不诚实，也并非狡猾，而只是展现了做人的高超技巧。

管好自己的嘴巴，不说不该说的话

冰冰是一家电器公司的总经理特助，有一天她和总经理去参加一个会议，总经理告诫冰冰，一定要谨言慎行，给客户留下好印象。冰冰点点头，表示自己会谨守本分。

进入会场之后，总经理马上和其中一个客户开始聊天。在这个专案中，公司只能选择其中的一个客户进行合作，所以在和他们商谈的时候，一直非常注意避免在这个客户面前提到另外一个客户。

在总经理和客户商谈的时候，冰冰一直在认真聆听，并且不时地插上几句话。其实，总经理很不喜欢冰冰插话，但是当着客户的面不能表现得太明显，所以只好不时地支开冰冰，让她去拿点吃的东西，或者去做其他事情。

但冰冰不明白总经理这样做是为了支开自己。总经理心里嘀咕："明明告诫过她做好自己的事情就行，不要多话，结果越说越多。"一点儿也不懂看老板脸色行事的冰冰，还是不停地插话，让总经理和客户都很不耐烦。

当总经理请客户提供对这个专案的建议时，冰冰抢着说："前几天那个李总（另外一个客户）也说过这件事情呢！"冰冰说完之后，气氛马上就变得很尴尬，总经理的脸色非常难看，生气地对冰冰说："公司里还有一些事情需要你去协助，你马上回去吧！"等会议一结束，总经理就将冰冰给解雇了。

冰冰的例子告诉我们，一定要管好自己的嘴巴，不说不该说的话，否则就会给自己带来灾祸。这样的道理听起来很容易，但是实际上做起来却不简单，需要一定的智慧。**一个聪明的女人，应该知道约束自己的嘴巴**，不管在什么场合之下都能说话得体，该说的话才说，不该说的就绝对不说。如果将不该说的也通通都说出来，那就太莽撞了。

我们常说言多必失，意思就是一个人如果说得太多，就会暴露出很多问题。特别是在人多的时候，一旦说了不该说的话，就有可能为自己招惹祸端，冰冰就是一个例子。所以，女人说话的时候，还是要适时有点心机，不管在什么场合下都要谨言慎行。

不确定的事情，别太笃定

秀兰所任职的漫画公司准备策划一个全新的漫画展，老板将这次展览的策划工作交给了秀兰。这个任务时间比较紧，因为只有在秀兰的策划方案出来之后，后续的任务分组才比较好开展。老板问秀兰有没有问题，她拍着胸脯保证："没问题！计划时间内一定能完成！"

老板看着她胸有成竹的样子，就放心地将此事交给了她，并且再三交代要在一周内完成。过了几天，老板再询问进度，秀兰才支支吾吾地说："好像……并没有想象中那么简单……"

老板没说什么，转身就走，但是心里多少有些不满意。

一周后，秀兰的工作仍旧没有完成。老板虽然没有严厉地指责她，但之后再有重要的工作，秀兰都不再是第一人选了。

说话不替自己留点余地，就等于给自己限定了"只许成功，不许失败"的条件；而一旦失败，就会引起他人的不满和对你能力的怀疑。如果故事里的秀兰，能够改变一下自己说话的措辞，用一些不确定的言语来完成老板的托付，这样就会降低老板的期望值。当秀兰无法按时完成任务的时候，因为事先就没有被寄予太大希望，所以比较能轻易地得到原谅；即使老板对她无法顺利完成任务不满，但因为看到她已尽力而为，也仍旧会对她有好感，不会将她的努力全部抹杀。如果秀兰能够按时完成任务，老板的高兴和喜悦必定会为她带来好处，故事也就会是另外一个结局了。

在现实生活中，当我们答应他人请求的时候，最好不要使用太肯定的词语，如"保证""一定"等，而要尽量使用"我试试看""我尽量"之类的字眼。这样一来，万一真的无法完成任务，也有后路可以退。其次，这些词语的使用，反而能够让对方感觉到你的谨慎，从而对你做的事更加放心。**说话为自己留一些余地，才能进可攻，退可守，做起事来才能事半功倍。**

小心"说者无心，听者有意"

思思是个单纯的女孩子，加上性格活泼，也长得很可爱，所以和公司里的每个人都能够闲话家常，大家也都很喜欢她。

有一天，吃过午饭，思思和同事丽华聊天，讨论公司里另外一个同事伟聪。思思一点心机都没有，随口就说："伟聪很不错啊，工作上的表现亮眼，但就是私生活有点混乱。"她没想到自己无心的一句话，会让伟聪被迫离开公司。

原来，丽华听了思思的话之后，就和公司里的其他姐妹说，伟聪私生活混乱，乱搞男女关系。就此口口相传，后来更加离谱，竟然还有人说伟聪之所以能拿到高薪，是因为和女上司有染的缘故。从此，伟聪在公司里的处境变得非常尴尬，不管他走到哪里，都会听见有人对他议论纷纷。

得知罪魁祸首就是思思之后，伟聪马上去找她理论，问她为什么要诬陷他。思思也很无辜，她根本不知道事情为什么会变成这样！

其实，整件事只能说是因为思思说话太不经过大脑了。思思其实想要表达的意思是，有两个女孩子在苦苦纠缠伟聪，但是他却始终不能确定自己到底喜欢谁。但在丽华听来，就是乱搞男女关系的意思。

　　这件事情告诉我们，不管什么时候，说话都一定要小心谨慎，别忽略口口相传的力量，对自己和别人造成伤害。一个粗心的女人，说话往往不经过仔细思考，只顾着自说自话，却忽视了听者的感受，结果无意中得罪了别人还不知道。

　　一个聪明的女人，从来不会犯这样的错误，因为她知道，人要管好自己的嘴巴，不能乱说话，否则容易惹出大祸。自己只要小心言语，哪怕听者再有心，也找不到破绽。所以，管好自己的嘴巴吧！否则你的一句无心话语，很有可能会害人害己。

　　为人处世，说话是一门艺术。女人特别要谨言慎行，避免别人曲解自己的意思，而造成误解。

🌸 **高情商女人法则**

1. 女人千万要管好自己的嘴巴，不该说的话不要乱说。尤其是在职场上，千万要多点心机，谨言慎行。

2. 在答应别人之前，要先对自己的能力有清楚的认识，千万别把话说得太满，否则最后只会让自己下不来台。

3. 不要什么话都随口而出，要知道说者无心，听者有意。

Emotional Quotient

亲和力，同样具有杀伤力

在与人交谈时，没有什么比有亲和力更加重要了。有的人说，亲和力是女人与生俱来的一种优势，但是现代社会有越来越多的女人，因为自己的身份或者地位的改变，亲和力渐渐消失得无影无踪。为了符合她们的身份和地位，说话态度开始气焰嚣张、摆架子，让自己和别人的距离越来越远。她们抱怨大家都不了解她们，殊不知，是自己搞砸了一切。

如果你是一个上司，面对下属犯错时，你会怎样批评他呢？是色厉内荏，还是当作一切没有发生过？

批评太多，就会失去自己的亲和力；但批评不够，又不足以树立自己的威信。一个聪明的女上司两者都不会选，她会想办法既达到批评立威的效果，又不失自己的亲和力。

批评也要适可而止

阿娇刚刚被公司提拔为部门经理，公司还配给她一间专属的办公室。阿娇心里很高兴。唯一让阿娇心里有点不太舒服的是，办公室里有一套破旧的沙发，和整间办公室的格调不统一，她决定马上把它换掉。

于是，她告诉几个下属，有时间的时候帮她把沙发搬出去。但是好几天过去了，那套破沙发还在她的办公室里。阿娇很疑惑地问大家："怎么还没有把沙发搬出去呀？"其中一个员工回答："这个门太窄了，实在搬不出去。"

阿娇很想大骂他们不知道动动脑筋，但是想到自己才上任就大发脾气，肯定会对自己的形象有所损害。她走进办公室里看了看沙发，又比了比房门，研究了好一阵子，然后对大家说："问你们一个问题，你们说是这间办公室先建好的呢，还是把沙发摆好之后再建的呢？"

员工们都笑了，说："当然是办公室先建好的啦！"阿娇也跟着笑了："既然这样，沙发能从门外面搬进来，为什么现在就搬不出去了呢？"然后看了大家一眼，就默默地走开了。

大家这才恍然大悟，原来经理是在批评他们做事太死板，不知道动脑筋，于是积极地想办法，终于将沙发搬了出去。

阿娇的做法是聪明的。当她发现大家没有帮她把沙发搬出去的时候，并没有像其他的经理那样大动肝火，而是用一种幽默的方式去提示大家，让他们主动认识到自己的错误。

你不妨也试着成为一个这样的主管，那么员工一定会认为你是一个具有亲和力的上司。**就算在批评自己的下属时，也应该在达到批评的目的之后，适可而止。**适当的批评顾及了员工的面子，犯了错误的员工会因为感激而愿意更加积极工作，主管也因此树立了自己良好的形象，何乐而不为呢？

恩威并重，学会变色龙的本领

露露是一个做事严厉的主管，有一次她手下的员工犯错，让她非常生气，想也不想就大骂起来。因为太生气了，她一边骂，一边将手里的文件使劲往桌上摔打，声音大到整层大楼都听得见。最后这位员工经不住她严厉的批评，吓得大哭。

露露见状，停止了大骂，微笑地看着这位员工，温和地说："你可以回去了，不过这份文档你还是需要修改一下，再帮我重新打印一份出来！"这位员工马上松了一口气，赶紧把文档重新修改后，打印出来交给她。

露露接过文档，笑着说："这次改得不错。"当员工长出一口气走出公司的时候，露露的秘书已经在门口等着她了。秘书按照露露的吩咐，送这位员工回家，还叮嘱这位员工的男朋友要注意她的行为，同时避免伤害到她的自尊。

不仅如此，第二天一大早，这位员工还没出门，露露就亲自上门拜访，非常关切和真诚地说："其实我也没有什么特别的事情，就是想问问你是不是还在意昨天的事。"在露露的安慰之下，这位员工在对自己的错误深感懊悔的同时，也对露露充满了感激和尊敬。

虽然露露很严厉地批评了这位员工，但是她并没有使用带有侮辱性的语言，而且在批评之后，巧妙地运用了一个轻松的话题，缓和了当时的气氛。当她接收到文档之后，还表扬了这位员工，暗示她可以做得更好。此外，她还让自己的秘书做好后续工作，考虑得非常周到。最后还亲自上门安慰和问候，充分树立了自己恩威并重的形象。

虽然前面说过，在批评的时候要顾及到对方的感受，这样才能保全员工的自尊。但是你也可以换个方式，**在严厉批评之后，给予他们适度的安慰，并试着了解他们对自己犯错的看法，这样做同样不会影响到自己的亲和力。**但是使用这种方法需要注意的是，在批评员工的整个过程中，都不能使用带有侮辱性的语言，或者是全盘否定员工的人格，否则可就矫枉过正了。

温柔的语言更具有力量

紫嫣是一所小学的班主任，有一天，她看见自己班上的两个男同学正在打架，问清楚缘由之后，就把先动手的那个男生带到了办公室，准备好好地开导和教育他一番。

正当她准备把这个男生教训一顿的时候，她脑海中突然闪过一个念头："他也许只是不懂事，万一我说得太严重了，伤了他的自尊就不好了。"但打架这种行为不教育又不行。紫嫣想找一个两全其美的办法，不用严厉责备也能达到教育效果。

于是，她对这个男生说："老师现在有点事情，你先回教室去上课，放学之后再来找我吧！"放学之后，紫嫣故意等那个男生进了办公室之后才出现，手里拿着一个变形金刚的玩具，对他说："你没有偷偷溜走，而是听我的话来这里找我，说明你很讲信用。而且，我也把事情弄明白了，你和那个男同学打架，是因为他欺负女孩子，这说明你很有正义感。"

男孩本以为自己会受到严厉的责备，没想到老师会这么和蔼，忍不住哭起来说："老师，是我不对，我不应该打人。"

紫嫣听完之后，帮男孩擦了眼泪，将变形金刚的玩具交到男孩手上，说："你能认错，这个玩具就当作是我给你的奖励。"

紫嫣运用温柔的力量，对男孩的错误行为进行了反向操作的教育，让男孩认识到自己的错误，达到了良好的效果。

人们往往会认为，在教育过程中，只有言辞犀利才能达到警示的作用，却忽略了用温柔的言语同样能达到教育的目的。温柔是女人的天性，当别人犯错的时候，如果能够**妥善运用温柔的力量**，他们会更喜欢你。

❀ 高情商女人**法则**

1. 作为一个女上司，在批评的时候要顾及员工的自尊，达到批评的目的之后，要适可而止，这样才能彰显作为女人的亲和力。

2. 当错误严重的时候，可以先严厉批评，然后再对员工进行安抚。但批评时不能使用带有侮辱性的语言。

3. 温柔往往比强硬的态度更具有力量。

Emotional Quotient

掌握这些技巧，
你也可以成为说服人的高手

有时候你好不容易拦到一辆出租车，却在上车前发现自己忘了拿一样东西，你该怎样才能让出租车司机愿意多等你几分钟，好让你冲回家拿东西？

你花了好几个晚上，熬夜写出了一份很完美的企划书，但老板却认为预算太高，此时你会怎样让老板接受你的方案？

你花了好长时间，很耐心地解答了顾客的各种问题，但是对方的购买欲望仍然不强烈，这时候你该如何成功地将产品卖出去？

有时候，你为了一场面试用心准备，却发现招聘单位似乎并没有聘用你的打算，你该怎样成功地将自己推销出去？

有时候，你遇到了白马王子，但对方似乎对你并没有什么好感，你要怎样做才能让对方接受你的爱意呢？

生活中有很多这样的例子，都需要我们去说服别人。只要肯花时间学习一点点的技巧，你也可以成为说服高手。

表情和语调是成功说服的关键

美芳是一家大型超市的理货员，但是最近她负责的食品货架总是短缺商品，超市的负责人说只要再丢一次，就要她卷铺盖走人，这件事情让她非常苦恼。

其实她知道偷食品的人是谁，但是她可怜他的遭遇，所以一直当作没看见。但现在如果自己不揭发他，工作就会没了，自己也会没办法生活。可是检举了他，又觉得他本来已经很可怜了，被抓住之后一定会更惨。

就在她不知道该怎么办的时候，她在书上看到一个故事，讲的是在美国经济萧条时期，一个女孩好不容易找到一份珠宝店的工作。在她去接电话的时候，不小心把装珠宝的盘子弄翻了，其中的一颗珠宝被一个衣着褴褛的年轻人偷走了。

看到年轻人的眼神，女孩就知道珠宝是他偷的，但是她知道大家的生活都不容易，就愁容满面地对年轻人说，现在找工作真的很不容易，如果他能找到一份工作，一定也能做得很好，还对那个年轻人表示祝福。最后，那个偷珠宝的年轻人借着和女孩握手的机会，将珠宝还给了女孩。

书中说的这个故事，就是成功运用表情和语调成功说服别人的例子。美芳决定效仿那个女孩，说服那个偷东西的人。第二天，美芳照着书中的方法去做，这个小偷终于没有再来偷东西，美芳的工作也保住了。

说服不等于征服，需要别人打从心底真正地认同自己的观点和想法。所以，在说服别人的时候，表情和语调是非常重要的。你心里真正的想法可以从脸部表情和说话的声音中显现出来，这是无法隐藏的。如果你一脸鄙夷，那么你将永远得不到别人的认同。

和男人相比，女人的感情更加细腻。一个会说话的女人，会通过自己的表情和语调来传达自己对对方的感情，赢得对方的同情，从而达到说服的目的。

婉转的话语，巧妙地说服

乐乐是一家玩具店的员工，每年儿童节的时候店里都会举办活动，今年也不例外。活动当天店里挤满了顾客，趁没人注意，一个小男孩抓了一件玩具就往外跑。一会儿小男孩被保安人员带回来了。很多顾客既为小男孩担心，又想看看玩具店会怎么处理。

其他的员工都不知道该怎么办。小孩子偷拿店里的东西多半是因为不懂事，如果教训太严厉，小孩子的自尊心会受不了，周围的人也会为孩子打抱不平。但如果不趁机教育，小孩以后养成顺手牵羊的习惯也不好。

就在其他人为难的时候，乐乐站了出来。她面带微笑走到小男孩身边，拉着他的手亲切地问他是不是很喜欢这件玩具，小男孩点了点头。乐乐接着问他："小朋友自己拿玩具好不好？"小男孩不好意思地低下了头。然后乐乐就告诉他："你喜欢什么玩具，可以告诉阿姨，阿姨先帮你拿下来，等一下通知妈妈来帮你买回家好吗？"小男孩很高兴地答应了，把手里的玩具交给了乐乐。

本来一件很为难的事情，被乐乐巧妙地化解了。她用亲切委婉的话语，既维护了孩子的自尊心，又要回了玩具，赢得了大家的好评。小孩子如此，大人也是一样。很多成年人也有这种心理：听到好话就高兴，听到批评就不舒服。所以**在说服别人的时候，一定要委婉，避免伤害别人。**

一个会说话的女人，总是能用委婉的方式去说服别人。因为这种委婉的态度能为对方保留余地，所以也就更有吸引力、说服力和感染力。在生活和工作中，很多地方都需要说服别人，但是很多女人不会处理，最后往往导致争执。另外一些聪明的女人却能表现得非常出色，受到大家的欢迎。她们之所以能够巧妙地解决问题，就是因为懂得使用委婉的神奇力量。

多留给别人一个台阶下

心怡是一家中学的班主任，对班风有很严格的要求，她经常教育同学们，学习成绩不好没关系，但是品行一定要端正。同学们都谨遵她的教诲，班上风气一直十分良好。

有一天，班上一个叫西西的女生来找她，告诉心怡她有一支黑色的钢笔不见了，那可是她爸爸昨天刚刚买来送给她的礼物啊。心怡一听心想，自己管理班级一向很严格，现在居然出现了小偷，这还得了？一定要仔细查清楚。

心怡来到班上，说明情况后，她看了一下全班同学，就发现西西的同桌小威很可疑，因为他的脸色异常苍白，显然非常紧张。心怡马上明白了这是怎么回事，但是她知道小威家里的经济状况不好，若当面指责他恐怕会伤害他的自尊心。再说，心怡自己也没有确切的证据，如果这样贸然指认出来，很可能会伤害到小威。

　　于是心怡就说："别急，黑色钢笔这么多，可能是哪位同学拿错了。等会儿看清楚了，就会还回来的。"说完之后，她又对全班同学说："大家都看看手里的钢笔，有没有拿错的？如果拿错了，就在下课之后还给西西同学吧！"果然，下课之后，西西的钢笔又物归原主了。

　　心怡用她的机智化解了这次事件。很多人都很重视自己的面子和自尊心，所以一个聪明的女人在说服别人的时候，就要懂得为别人多留一些余地，替对方留面子。聪明的女人都懂得，不在众人面前拆穿别人的谎言，免得使人下不了台。否则不仅无法达到自己的目的，还会弄巧成拙。

　　每个人都有因为冲动而做错事、说错话的时候，如果总是喜欢让别人下不了台，只会让事情变得更严重。当别人用谎言当作借口的时候，与其直接拆穿他的谎言，还不如给他一个台阶下，这样才能让他产生愧疚感，自发地改正错误，和平地达到说服的目的。

高情商女人**法则**

1. 一个聪明的女人，善用表情和语调来传达对对方的感情，让别人产生同情，从而达到说服的目的。

2. 用委婉的语言去说服别人，比直接说明白的效果要好得多，因为这种方法往往能够巧妙地化解冲突。

3. 善于交际的女人，懂得如何为做错事的人找台阶下，保全他们的面子，在不知不觉中达到自己的目的。

Emotional Quotient

Part **3**

情商高的女人，不讨好别人，也能收获好人缘

你的人脉里，藏着你的运气和未来

　　人脉是人生中一笔很大的财富，当你遇到困难时有贵人相助，当你有办法在他人帮助下获得展现才华的机会时，就已经发挥了人脉的作用。在生意战场上赚大钱的人，我们会说他有财运。只要我们仔细观察就会发现，人脉在其中扮演了关键的角色。生意做得有声有色的人，往往朋友圈很广。**所谓财运，其实就是人脉。**

　　女人如果有足够的人脉，也比较能在工作与事业中事事顺利。另外，在结交朋友时，你可能会遇到相见恨晚的知己，也会遇到话不投机的路人，也可能会遇到让你受益匪浅的良师。所以，女人一定要学会经营自己的人脉，才能接触到不同领域的优秀朋友。

向需要帮助的人施以援手

菁菁是个很热心的女孩，她和一群刚毕业的大学生到一家公司实习。中午外出用餐的时候，她发现自己的手机落在办公室，所以返回去拿。

她发现一个新来的男同事仍然坐在座位上。

"你怎么不去吃饭啊？"菁菁好奇地问道。

男同事的表情有些尴尬，菁菁细问之下，才知道男同事手里已经没钱了。他这个月的生活费已经花光，要等到下个月领薪水后才会比较宽裕。菁菁很同情他，就借给了男同事一千块。男同事感激涕零，答应发了工资之后马上还给她。

朋友知道后，都说菁菁太傻了，实习一个月之后大家就各奔东西，到时候找谁去要钱？菁菁只是笑笑，她借给男同事的钱并不多，她相信那个男同事总会还给自己的。但还没等到男同事领薪水还钱，菁菁就因为家里的临时变故而提前结束实习，离开了公司。

几年后，菁菁早已嫁为人妇，她的老公经营一家小规模的外贸公司，日子还算宽裕。但是后来经营不善，老公几乎赔掉了全部家当。为了重新振作，菁菁和老公考虑转行，准备做服装批发的生意。但是因为资金有限，一直很苦恼。他们在网上顺带提到了资金募集的窘境，没想到有一个老板却愿意无偿提供资金给他们，等他们生意稳定了再还款。两个人千恩万谢，更加努力经营批发生意，很快就回了本。

感恩宴会上，菁菁夫妇俩再次感谢那个老板帮忙，那个人却神秘地笑道："不用感谢我，我反而要感谢你当年借给我的那一千块，帮我度过了最艰难的时刻。"菁菁这才恍然大悟，原来这个金主就是当年自己借钱给他的那个男同事。

"我当时只借给了你一千块，你现在却帮了我们这么大的忙。"菁菁吃惊地说道。

"在我看来，当初的一千块，抵得上现在的一千万。"那个老板感慨地说道。

有时候，你无意间的举手之劳，也许会帮助别人度过一个极其重要的关键时刻。当你诚心帮助别人，即使别人没有表露于情，也会在内心深处对你满怀感恩。在你致力于人际关系和谐的同时，也是在为自己累积人脉。当你有困难的时候，别人会在不经意的时刻施与帮助来回报你。**施以援手，会为你打开成功的大门**。任何时候都要记得，一双能够援助别人的手，会为你带来无穷的财富。

学会与人分享快乐

　　湘云是个善良、喜欢帮助人的女人，但是只要和同事聚在一起，就喜欢抱怨自己的生活多么不幸，不仅儿子不听话，婆婆排挤自己，老公也有出轨的嫌疑。

　　"我的日子真是过不下去了，我老公好像又和那个小三藕断丝连。想当年他们家那么穷，我还是愿意嫁给他，没想到他现在就移情别恋了，真是忘恩负义，一点良心都没有。还有我那个孩子……"湘云说着说着，眼角里就堆满了眼泪。

　　大家都很同情她的不幸，但也无可奈何。热心助人的她每次想要主动给同事帮忙的时候，就马上被别人婉拒，因为同事们都很害怕，湘云会在帮忙做事的同时，又一把鼻涕一把眼泪地诉说自己的辛酸血泪史。

　　同一间办公室的情容，情况则和湘云截然不同。她虽然在年前和老公离婚了，孩子也被判给了老公，但是大家在她脸上却没有看到太多凄然的神色，她依旧打扮得光鲜亮丽。她说自己和老公离婚，双方都有责任，自己也有很多不对的地方；虽然两个人做不了夫妻，但还是可以做朋友。老公的经济条件好，对孩子未来的学习有帮助，所以她选择让孩子跟着老公生活，她也可以随时去探望儿子。每次归来，情容都和同事分享一些儿子的趣事，大家听了都哈哈大笑，对她的洒脱羡慕不已，愿意接近这个离了婚却依旧魅力无限的女人。

为什么同样是女人，湘云和倩容的人际关系却有这么大的差别呢？就是因为湘云只会和别人分享自己的不幸，但倩容却懂得和大家分享自己的快乐。

当你向别人讲述你的快乐时，你们的关系会因分享快乐而更加亲密。经常告诉别人一些快乐的事情，别人会愿意和你接触、与你聊天、和你共事。因为你对他们来说，是友善和欢乐的代名词，谁会不愿意和快乐在一起呢？

传递快乐的女人，身边必定有一群喜欢她的朋友，她的交际圈会越走越宽，人脉也会越来越广。这样的女人无论走到哪里，都能够畅通无阻。

多参加聚会，出外旅游带点小礼品

小凡是一个活泼可爱的女孩，大家都很喜欢她。每次中午吃饭的时候，小凡都喜欢和别人结伴而行。有些新同事还不是很适应环境，小凡也会主动拉着他们一起吃饭，并向他们分享公司的各种事情。尽管办公室是一个严肃的场合，但大家只要一见到小凡都会很高兴，并且很愿意和她一起共事。

平时小凡还喜欢参加一些聚会，一旦有同事或者朋友过生日的时候，她都不会缺席，并且精心准备小礼物。有一次，公司的主管玲姐过生日，小凡听说玲姐要办生日聚会，马上报名参加。她知道玲姐的老公很有钱，家里各种珍贵的礼品一定很多，自己的薪水有限，太贵的礼物她也买不起，但太过普通的又表达不了自己的心意。她灵机一动，忽然想到，前几天看到玲姐的近视眼镜有细微划痕，就想办法打听她的近视度数，帮她配了一副眼镜。当玲姐收到礼物时非常高兴，自己的近视眼镜坏了，一直想配一副新的，却没有时间。想不到小凡竟然连这样的事都记得，此后，玲姐对小凡更加喜爱。

另外，每次小凡出外旅游回来，都会习惯性地多带一份小礼物给认识的朋友。很多纪念品虽然很便宜，但是经由小凡巧妙的精心包装，都变得很精美，收到小礼物的朋友们也都很高兴。就是因为小凡贴心的小举动，她结识的朋友越来越多，各行各业都有人脉，所以公司里很多五星级的客户都是她在负责联络。因此虽然小凡任职不到两年，就已经升职为部门经理。

如果你想成为一个人脉很广的女人，**千万不要错过任何一个和别人聚餐的机会。**吃饭的时候，人的心情往往很放松，更乐于向别人敞开心扉。经历一次聚餐之后，你们的关系也会拉近一大步。

　　一个人能否成功，不在于你知道些什么，而在于你认识了谁。当今社会是由无数的人脉建立起来的，只有在鱼帮水、水帮鱼的扶助下，你才能获得成功。人脉就像是肌肉，越练越发达。要累积人脉，何不从参加聚会、送人小礼物做起？说不定和你交流过的人，将会成为你生命中的贵人。

🌸 高情商女人法则

1. 帮助别人，别人也会对你满怀感恩。当你的人际关系和谐时，同时也积聚了人脉。施以援手，会为你打开成功的大门。

2. 将自己的快乐分享给别人，你的快乐也会被放大十倍。传递快乐的人，她的交际圈会越走越宽，人脉也会越来越广。

3. 如果你想成为一个人脉很广的女人，千万不要错过任何一个和别人聚餐的机会。因为饭桌上最适合交流感情，而一份小小的礼物，也会帮你累积更多的人脉。

Emotional Quotient

建立"人情账户"，以备不时之需

　　一个人如果不懂人情，应该也很难受到其他人的欢迎，他的事业和生活就不会很顺利。人生活在世，总避免不了一个"情"字。这个"情"字包括亲情、爱情、友情，总结起来就是人情。一个人若想在成功的路上一帆风顺，就必须**建立好自己的人情账户**。做个懂得运用人情的女人，时时刻刻注意自己的人情账户中所储蓄的人情额度，以备不时之需。

学会及时拉人一把

　　凯琪是一家化妆品公司的销售人员，因为她的人脉很广，所以业绩总是很突出。快到年底的时候，老板为了鼓舞大家的士气，承诺达到业绩的员工，每个人颁发十万元奖金。

　　每个销售人员的工作热情都涨到最高点，到了年底，有好几个销售人员都达到了业绩目标。但此时老板遭遇横祸，先是公司被骗了几十万，接着他的儿子被检查出了白血病，公司面临破产。老板靠贷款发给员工遣散费，但是奖金部分再也拿不出钱来。他希望大家能再等等，等到自己追回被诈骗的钱款时，再发奖金给完成业绩目标的员工。

　　这时很多员工都已经准备离开公司，而几个完成业绩的员工，想联合起来向老板追讨自己应得的奖励，但是凯琪拒绝了。因为她知道当老板并不容易，人生在世，谁不会碰到一些困难呢，没有必要把人逼上绝路。那几个员工追讨奖金未果，竟然找人将老板打了一顿，最后因为蓄意伤人被逮捕，只有凯琪安然无恙。

　　不久，老板绝处逢生，公司又重新盛大地开业。他把凯琪找回公司，不仅把奖金补给她，还给她加了薪。

　　在别人落难的时候，举手之劳拉人一把，会让别人铭记于心，找时间给你最真心的回报。无论是在职场还是生活中，要学会时时刻刻观察别人的需要。当朋友或者认识的人遇到挫折的时候，不妨适时询问，给予自己能力所及的帮助，对方一定会对你感恩于心。有些关心并不需要花费你太多的金钱和时间，例如去探望一下生病的朋友，或者给予适当的安慰。这些关心对于朋友来说，会像久旱逢甘霖一样滋润心田。

很多人没有经历过苦痛，不明白别人的痛苦。等到自己身临其境，感到世态炎凉、孤寂苍凉之时，才感到后悔。在你还能拉别人一把之时，不要吝惜伸出你温暖的手，总有一天你也有可能感受到别人的雪中送炭。

细节才是关键

丽珠是个性格开朗、热情大方的女人，在一家保健食品公司担任销售人员；虽然长相不是很出众，但是很受大家喜欢。随着保健食品市场的规模逐渐扩大，这个行业的竞争越来越激烈，生意也逐渐难做起来。同公司的其他销售人员都感叹东西难卖，丽珠却好像没有这方面的烦恼，她有很多老客户，每个月还是会按时订购产品。这让很多同事羡慕不已，他们疑惑她究竟是怎么做到的。

仔细观察，就会发现丽珠的行为很贴心。逢年过节的时候，她经常会去拜访客户，送一些年节礼品。丽珠有一个老客户，有一段时间没有下订单，那时刚好要过母亲节，丽珠就登门拜访，送了一束康乃馨和一盒点心作为礼品。还有一次，丽珠到承天禅寺赏桐花，经过附近摊位时买了一串佛珠，带来送给这位客户。虽然佛珠的价格不高，仅仅一百多元，那个客户却十分感动。她是一个信佛之人，因为年纪大了，不方便出去旅游，这串佛珠对她来说，称得上是无价之宝。从那以后，这个客户就成了丽珠最忠实的顾客。丽珠凭借贴心与关怀，为自己累积了人脉。

丽珠与同事的关系也很融洽，出去吃饭的时候，经常抢着买单。她记得每一个人的生日，不管哪个同事生日，总会提前送上自己的祝福，因此大家都很喜欢丽珠。后来，有一个同事因为转行，就把自己原本的客户全部介绍给了丽珠。

有时候不经意间的小恩小惠，也会赢得别人的好感，给自己带来丰厚的回报。因此在生活中，不妨多注意一些细节，学会在适当的时机送上祝福或小礼物，与他人维持长久的伙伴关系。这些日常功课并不需要花费你太多的时间和金钱，虽然只是小小心意，但是累积的回报将会越来越多。

当然，小恩小惠，也需要长期经营。一次关怀举动并不会有太明显的效果，也容易被忽视；必须长期投入，才会见到效果。毕竟这个世界，没有一劳永逸的事情。

帮人之后不张扬自己的付出

小凤是个很热心的女人，只要朋友有难处，她都会出手相助。但奇怪的是，事后她总会与人闹得不愉快，感觉自己出力却不讨好，让她十分郁闷不解。

前一阵子，小凤的同学秀丽家里出了点事，她的老公做生意赔了本。雪上加霜的是，会计竟然带着仅剩的钱卷款而逃，家里的积蓄所剩无几。秀丽脸色憔悴，为了生计，她和老公在夜市摆了个小地摊，虽然勉强解决了一家人的吃饭问题，但是孩子的学费一直没有着落。

小凤知道后，借给秀丽一笔钱，好让她解决孩子的学费问题。秀丽对小凤很是感激，承诺有了钱马上会还给她。但小凤却从借钱给秀丽之后，经常在朋友圈里宣扬这件事情，让秀丽在朋友面前抬不起头来。

"你们都不知道，她家里现在真的很穷啊！我看了都不忍心，所以就借给她一些钱。"

"她和老公摆摊也赚不了什么钱，连吃饭都成了问题，哪能还钱啊！我就当作是接济她了。"

没过多久，秀丽就把钱连本带利还给了小凤。小凤一再推辞，说不用还得这么急，但秀丽还是把钱放下后就离开了。从那以后，秀丽再也没跟小凤来往过。

现实生活中经常会碰到类似的人，帮助了别人就大肆宣扬，唯恐大家不知道自己帮助了别人。但是他们不知道，虽然自己帮助了别人，可是这种高高在上的优越感，却也变相地伤害了别人。这种帮助的结果往往是，虽然付出了劳力或金钱，却没能为自己的人情账户增加一点点额度，就是因为高傲、施舍的态度，抵消了这份人情。

　　一个有人情味的人，绝对不会在帮了别人之后，摆出一种施舍的姿态，这是一种很微妙的人际交往禁忌。在帮助人、给人好处时，记得要保持一种船过水无痕的心态，切勿挑明你的帮助，以免伤人自尊。

❀ 高情商女人法则

1. 在别人落难的时候，不经意地拉人一把，别人会铭记于心，最终给你最真心的回报。

2. 有时候不经意间的小恩小惠，容易赢得别人的好感，给你带来丰厚的回报。因此在生活中不妨多注意一些细节，学会多赠送别人一些小礼物，为自己累积更多的人脉。

3. 给人帮助和好处时，要保持一种船过水无痕的心态，切勿挑明你的帮助，以免伤人自尊。

Emotional Quotient

和优秀的人做朋友，你会更优秀

如果想成为一个优秀的人，除了靠自身的努力外，多结交一些各个领域的优秀朋友也很重要。优秀具有传染力，与优秀的人在一起，会激发自己的内在潜力，你会希望自己变得和他们一样，或者比他们更强。在他们身上，你可以学习到很多优点，在这些优点的感化下，你也会变得越来越棒。

把握结交优秀朋友的机会

小玉出生在一个很普通的家庭，从小就很喜欢打扮，对服装设计有很强烈的兴趣。所以她报考大学的时候，选择的也是服装设计系。

但遗憾的是，他们学校的这个科系几乎没有什么名气。现在经济不景气，很多本科毕业生离开校园后，竟流落到服装加工厂去工作。小玉一点也不想一辈子都在服装工厂里做服装加工的工作，她想到了自己有一个同学的姐姐，担任明星助理，小玉拜托她替自己介绍工作。对方告诉她，当明星助理很辛苦，没有所谓的正常假日，而且必须随叫随到。很多娇滴滴的女生，都不愿意做这种伺候人的工作。小玉却不怕辛苦，并且通过自己服务的艺人，认识了很多知名设计师，也在和明星接触的过程中，学到了很多流行穿搭技巧，接触到更多的时尚讯息，让她从这份工作中获益良多。

有一天，小玉服务的艺人要出席一个活动，邀请了一位知名设计师为自己设计服装，但设计师的助手因故没有前来，结果设计师一个人显得有些手忙脚乱。小玉争取机会，不时地在旁边提供一些帮助，并适时提出自己的意见。那位设计师很欣赏小玉，觉得小玉很有天赋，直说要收小玉为徒弟。

现在的小玉，已经跟随着这位知名设计师设计出了很多服装，有一些款式还在明星圈里佳评如潮，小玉也在这个行业渐渐有了自己的知名度。

如果你想让自己离成功的理想更近一步，就一定要学会结识那些优秀的成功人士，和他们成为朋友。但不是每个人都有能力可以很容易地结识到优秀朋友，如果你的资源有限，不妨适时放下身段，通过一些方式，积极寻找能够接近他们的机会。例如在他们需要帮忙的时候，及时地伸出援手，他们也会给你丰厚的回报。

当然，在结识一些成功人士后，也不要单纯地曲意逢迎，一定要争取时间和机会学习他们的优点，并运用这些收获，为你的事业成功做准备。世上没有免费的午餐，如果你不思进取，就妄想成为成功人士，也不用踏入这个社交圈了。

取其精华，弃其糟粕

心雨是个机灵活泼的女孩，在理财公司担任职员的她，结识了很多优秀朋友。因为善于交际，她和这些客户都保持着良好的关系。

其中一个叫桢姐的客户很喜欢心雨，偶尔还会送她一些小礼物，让心雨很开心。桢姐家境富裕，她不经意的小礼物，有时候往往可以抵上心雨一整月的薪资。

为了和桢姐维持关系，心雨和桢姐的互动非常紧密。平时一起去一些高档的饭店吃饭，心雨也会买单请客。为了打入有钱"贵妇"的圈子，心雨还跟随桢姐一起去俱乐部，陪"贵妇"们打麻将。她们的赌本都很高，心雨的一点点薪资根本无济于事。但是为了翻本，心雨向外借了不少钱，随着她沉迷于打麻将，逐渐负债累累。刚开始的时候，桢姐还会借给她一些钱，渐渐地就没人肯再借钱给心雨了。但她还是沉迷于麻将而无法自拔。

为了还赌债，心雨竟开始挪用公款，最后被公司发现了。老板很生气，不仅开除了心雨，还将她移送法办。先前和心雨联系密切的"贵妇"们，也都逐渐疏远了她。

结交优秀朋友，目的是为了学习他们身上的优点。但无论多么优秀的人，身上也一定会有缺点，要记得取其精华，弃其糟粕。结识他们，并不是要一味地逢迎巴结，而是要学会慢慢地提升自己，使自己成为像他们一样优秀的人。

另外，若想借助优秀朋友，获得人脉存折上的额度，首先要懂得树立自己的口碑，有真才实学才能相辅相成。只有一步一个脚印，在工作上下苦功，赢得上司与客户的信赖，才能够获得真正的优质人脉。累积人脉不能急于求成，若一味地讨好别人，往往会适得其反。**良好的人脉需要长期的投资，才能慢慢获得回报。**

🌸 高情商女人**法则**

1. 如果想离成功更近一步，一定要学会结识优秀朋友。

2. 与优秀朋友保持联系，为自己累积更多的人脉资源。

3. 只有在工作上下苦功，赢得上司、客户的信赖，才能获得真正的优质人脉。

Emotional Quotient

让别人知道，你的帮助不是信手拈来

古今中外，无论是治国还是管理企业，都离不开人心。**得人心者得天下**，失人心也会失天下。懂人心，不仅能帮你累积人脉，还能让你在事业上所向披靡。

让人牢记你的帮助

玉溪和雨晴在大学时是很要好的姐妹。玉溪毕业后回到了自己的老家工作，雨晴则留在北京的一家公司奋斗。一段时间之后，玉溪发现雨晴竟然已经成为部门的主管。玉溪很佩服雨晴，想起还在学校的时候，雨晴就表现得十分活跃，人缘也非常好，想不到两年的时间，就已经升上了主管。趁着一次去北京出差的机会，玉溪彻底见识到了雨晴待人处事的能力。

因为几乎两年没有见面，玉溪一到北京，就打电话告诉了雨晴。雨晴说她还在办公室，因为就快要下班了，所以请玉溪去公司找她。

到了雨晴公司后，刚接过雨晴递过来的咖啡，就有一个女员工敲门进来。

"晴姐，家里有些事急需用钱，能不能先预支我两万块薪水？"女孩问道。

"家里出了什么事？"雨晴关切地询问。

"我妈突然生病住院了，现在急需用钱。"女孩焦急地说。

"那可等不得，你要预支薪水，还得提报财务部，我先借给你一点吧！"雨晴拉开抽屉，数了数皮包里面的钱。

"哎呀！我这里只有一万块，还差一万块。"雨晴有些担心地说道。那个女孩也急得虚汗直流。

"玉溪，你那里有没有钱，先借给她五千块，我回去了再还你。"雨晴急迫地请求帮忙，于是玉溪赶紧从皮包里拿出五千块递给雨晴。

"唉！还差五千块，要向谁借呢？"雨晴似乎有些为难。

"晴姐，就先借一万五吧！"那个女孩感激地说道。

"那怎么行？住院急需用钱，我看我再网上转账给你五千块好了。"雨晴坚决地说道，马上开始转账。片刻过后，转账成功，女孩感动得眼角满含泪水。

"走，我带你吃饭去！"那个女孩一走，雨晴就拉着玉溪说道，并从包里拿出五千块还给玉溪。玉溪惊讶的同时，终于明白为什么那么多人愿意服从雨晴这样年轻的上司了。

想要赢得人心，单纯地提供帮助还不够，更应该让人记得你的帮助不是信手拈来，并且不随意透露自己的底线。这样一来对方就更能牢记你的帮助，并且对你佩服有加。

以宽容之心对待他人

一家食品公司质检部门的主管辞职后，职位空缺出来，大家都认为资历最老的姿蓉是这个职位的不二人选。但令人意外的是，进公司才两年的瑶瑶竟然收到了委任书。很多人都很不服气，姿蓉也在一气之下办了辞职手续。

很多人开始把矛头指向了瑶瑶，认为是她逼走了姿蓉。瑶瑶有些委屈，对于这次的任命，她也感到很意外。虽然她的工作能力不错，也因为表现突出，曾多次受到老板的表扬，但是论资历，她确实和姿蓉相差很多。

就任之前，老板找了瑶瑶谈话。他说姿蓉虽然很有资历，但是性格比较自我，并不适合担任主管，更不用说她经常在上班时间处理私事。所以老板提拔瑶瑶为主管，并希望瑶瑶能够带头把部门管理好。

尽管管理困难，但是瑶瑶还是下定决心把工作做好。其他人对于瑶瑶的工作安排，大都能配合，只有玉芬似乎总是爱和瑶瑶唱反调，还散播谣言，暗示瑶瑶和老板有私情，所以才会当上主管。瑶瑶知道她和姿蓉关系很好，所以姿蓉走了，她一定很怨恨自己。

有一天，因为客户急需调货，老板分配任务，希望质检部门尽快把工作做完。几乎每个人都完工了，只有玉芬因为怠工而没有完成。老板一气之下想要开除玉芬，玉芬这时才惊慌起来。瑶瑶知道玉芬的家庭负担很重，这份工作对她而言很重要，于是向老板求情，希望能够原谅玉芬这一次，然后号召其他员工一起加班帮玉芬把工作做完。

从此以后，玉芬对于瑶瑶的安排言听计从，其他下属也都认为瑶瑶很讲义气，更加欣赏并佩服她了。

在工作中，如果遇到不喜欢你，甚至和你作对的人，**切勿以暴制暴**，因为那样不仅不利于处理你们之间的关系，还会给其他人留下不好的印象。不妨大度一点，宽容地对待他们，在他们遇到困难的时候，反而施以援手，这样不但能得到他们的另眼相看，你还能获得更多的追随者。

细微之处，展现关怀

晓菲是一家软件技术公司的人事经理，近几年来软件公司竞争激烈，掌握技术就等于占领了市场。因此，高级技术人员的招募成为公司一项重要工作，晓菲的压力也随之增加。

最近有一位软件工程师研发出一个很先进的软件系统，很多公司都想和他合作，晓菲的公司也不例外。为了招到这位工程师，晓菲几乎跑断了腿，那位工程师却没有任何表示。晓菲知道对方的选择很多，打算仔细考虑之后再做选择。

虽然晓菲的公司前景很好，但在众多竞争的公司中，有另外一家势均力敌的对手，也一直不断地在和这位工程师联系，晓菲心里很焦急。

经过不断地打探消息，晓菲得知这位工程师的老婆就快要临盆了，他们想到附近最好的医院生孩子。但是刚好遇到生育的高峰期，他们没有提前预订，结果到现在还没有找到床位。晓菲的姑姑正好就是那家医院的医生，于是她动用姑姑的私人关系，帮工程师夫妇预约到了床位，工程师夫妇因此对晓菲十分感激。

宝宝出生后，晓菲带着礼物去看宝宝，工程师热情地接待了她，并且表示他会马上和晓菲的公司商谈合作的细节。

现实生活中，人们之间的交往就是这样，认真付出才会获得回报。**记得投之以桃，报之以李**。很多细微之处的关心，比起堂而皇之的伪善，显得更加自然并且让人感激。

很多细枝末节的小地方，在人际交往中都很重要。因此，千万不要小看了生活中的细微之处；这些细微关怀会帮助你获得成功，累积良好的人脉。要想成为一个赢得人心的女人，不妨多多观察周围的朋友，展现意料之外的关心——也许这就是你良好人脉的开端。

🌸 高情商女人**法则**

1. 想要赢得人心，单纯地提供帮助还不够，应该让人记得你的帮助不是信手拈来，那样他才会更加牢记你的帮助。

2. 遇到不喜欢你，甚至和你作对的人，不妨大度一点，宽容地对待他们。如此一来，不但能得到友谊，还能让更多的人欣赏你。

3. 细微之处的关心，比堂而皇之的伪善，显得更加自然并且让人感激。特别是生活中不经意的关心，更让人感觉是真情流露。

Emotional Quotient

试图讨好所有人，只会得不偿失

聪明的女人，别试图讨好所有的人。因为你不管怎么做，也不可能让所有的人都满意。因为每个人都是独立的个体，看待事情的角度也都不同，因此你不可能做到让所有人都满意且赞同你的意见。很多女人都梦想成为众人心目中的女神，但是想要讨好所有人却是不可能实现的目标。有的时候你想要讨好所有人，却得罪了其他人。其实做人不用这么如履薄冰，只要不违背自己的原则，做好自己该做的事，问心无愧就可以过得快乐。

不要太在意别人的眼光

红艳是外贸公司的公关部助理，她在工作中需要和公司里的很多人打交道。

她是一个谨言慎行的女孩，知道在大公司里，人际关系很敏感，稍不小心就会丢了饭碗。因此她处处小心，唯恐得罪了上司或者其他同事。对于同事的要求，红艳从来都是有求必应。

"红艳，帮我把这份文件送到人事部。"

"红艳，把这份档案打印一下。"

办公室经常听到很多要求红艳帮忙的声音。

年底公司举办年会的时候，公关部负责联系各部门参与活动，经理请红艳把分工表打印出来。红艳刚坐下来，办公室的虹姐就请她去帮自己发送传真。红艳不好意思拒绝，只好先去帮忙。

经理心急如焚地回到办公室，却没有看到分工表，一时动怒，将红艳训斥了一顿。红艳心想虹姐会帮自己说句公道话，毕竟自己是因为帮她的忙才耽误了时间。没想到虹姐却一言不发，办公室的其他人也一脸漠不关心的样子。红艳十分伤心，自己为人处世可以说是力求完美，没有做错过任何事，对于每个人的要求可说是有求必应，怎么到头来反而成了办公室里最被冷漠对待的一个人？

后来，一个和红艳关系比较好的同事私下告诉红艳，由于她处处讨好别人，大家反而都觉得她很虚伪，认为她不可信，所以对她渐渐冷漠起来。

像红艳这种试图讨好所有人的女性其实很多。仔细想想，这种为人处世的态度，并不是一种明智之举，有时候反而会得罪很多人。特别是在工作繁杂的职场中，更不该为了博得所有人的欢心，让自己又苦又累。这样不但不能帮你获得好人缘，反而会因此影响到你的工作，让你在公司中无立足之地。

要记得，别人对你的评价往往都是从自己的利益出发，带有主观性，是很片面的。如果想获得大多数人的认可，首先要对自己有一个清楚的认识，**旁观者的意见仅供参考**。太过在意别人的眼光，反而会让你养成唯唯诺诺、犹豫不决的性格。

做好自己分内的事情

心莲是个心直口快的女孩，她在一家公司担任办公室助理，平时总爱发表自己的观点，喜欢打抱不平。有一次，同事小萍因为家里有事迟到了，被经理扣了全勤奖金，因此闷闷不乐。

"什么经理啊，一点儿人情味都没有，不就是迟到嘛，谁还没有突发状况呢？我看她根本不适合当经理，年纪比我们还小呢！小萍，你直接去找老板评评理。"心莲在办公室替小萍打抱不平。

"算了，公司有明确的制度，我们也不好违反。"小萍嗫嚅地说道。

"你怎么那么胆小啊！我这不是在帮你想办法吗？算了，我不管了。"心莲生气地说道。小萍坐在一旁也满脸不高兴。

不久，经理因为办事不力，被老板调到其他部门，指派了另一名女性主管来接替她的职务。上班第一天，新的经理召开会议，在会议中严肃地告诫大家要谨守本分，好好工作。

"真烦！摆什么派头啊，不就是个经理嘛，有必要这样大呼小叫命令我们吗？我真是听不下去。"心莲不服气地嘀咕道。

旁边的同事用胳膊碰了碰心莲，因为经理正朝她们这边看，似乎察觉到了心莲的不满。经理对心莲在会议上不认真的态度提出了批评。

接下来的日子，心莲开始消极怠工，被经理多次挑出了错误；她的很多企划案都被退回，要求重新再做一遍。心莲因此很生气，和经理大吵一架，没过几天，她就收到了解聘通知书。

　　女人都有爱说话的天性，但是在职场中直接表现自己的不满，是一种错误的做法。女人身处职场，一定要明白自己所处的位置。不管有多少不满，首先要把自己的工作做好。切忌在自己工作还没做好的情况下，插手管其他闲事。要知道，**只有当你自己的工作做好了，你才能获得真正的认可。**

　　在人际交往中也是这样，你需要拥有一个良好的心态，谨守自己的本分。凡事爱管闲事、钻牛角尖、斤斤计较，不仅会影响你自己的生活状态，也容易留给别人不好的印象。

讨好所有人，等于得罪所有人

　　翠竹是服装公司的部门主管，手下管理着两百多名员工。五一劳动节前几个月，工厂为了彰显人性化管理，想给员工一些福利，于是公司征求各个部门的意见，翠竹也参加了会议。会议上老板请各个部门的主管回去收集员工的相关意见。这是个吃力不讨好的工作，因为员工当然是希望福利越多越好，但老板为了节省自己的开支，一定不希望发太多奖金。

　　"老板想发多少就发多少，反正能够代表工厂的心意就可以了。请我们调查意见，那么大家一定会有不同的意见，反而自找麻烦。"老板走后，有部门主管发表自己的看法，大家都很赞同。

翠竹依然按照老板的指示，请每个员工发表了自己的意见。正如所料，大家当然都希望发的奖金越多越好。翠竹许诺员工，一定向老板反映，请求多发一些奖金。

但是见到老板之后，翠竹觉得自己是替老板工作，应该站在老板的立场考虑，只有这样才能获得老板的欢心，于是建议老板节省开支，好为工厂的发展投入更多心力。老板听了翠竹的建议很高兴，在每月例会上对翠竹为工厂着想的建议提出了表扬。

员工们知道了真相后，认为她做人不守信用，于是在工作中开始与她作对，使得翠竹的管理工作日益困难。后来老板也以她工作不力为由，撤去了她的主管职务。

一个人不可能讨好所有人。要是想讨好所有人，反而会得罪所有人。翠竹虽想替员工争取福利，却也想讨得老板欢心，最后反而使得员工的利益受到损害，自己也失去了老板的信任，得不偿失。

因此，无论是在职场还是生活中，面对冲突问题的时候，不要妄想打太极。若是既想讨好这个，又不想得罪那个，结果可能双方都会得罪。因为面对利益的双方，只要一方能够获得利益，就代表另一方的利益会受损。如果你是主持公道的一方，就必须有所取舍，才能避免双方都与你为敌。

1. 在人际交往中，对自己要有清楚的认识，旁观者的意见仅供参考。太在意别人的眼光，反而会让你唯唯诺诺。

2. 女人在职场中，一定要明白自己所处的位置。不管有多少不满，首先要把自己的工作做好。

3. 一个人不可能讨好所有人；若想讨好所有人，有时候反而会得罪所有人。如果你是主持公道的一方，就必须要有所取舍。

Emotional Quotient

说话要三思，切忌口无遮拦

防人之心不可无，即使你再有智慧，不曾得罪任何人，也要谨言慎行，学会保护自己。因为无论是在职场还是日常生活中，都会有一些恩将仇报的小人，为了自身的利益或者目的伤害你。为了避免受到伤害，女人一定要多培养自我保护的意识，学会防人。

小心谨慎，避免祸从口出

总公司的市场经理露西刚来到销售部门工作，为了拉近与同事之间的关系，她请大家一起吃午饭。

席间露西表现得很随和，和同事们相谈甚欢，大家开始时拘谨的心也渐渐放松，变得热络起来，很多人也开始积极发言。有一部分人也跟露西毛遂自荐，因为部门主任品萱刚刚离职，很多人对那个职位颇感兴趣。如果露西能够替自己在总公司美言几句，那么主任的职位就唾手可得了。

露西无意间听到品萱的事情，希望能够再多了解一点。很多人保持缄默，只有心直口快的悦盈直说品萱的脾气不好，动不动就责骂下属，让人感觉难以相处。

"是吗？是不是因为她工作压力大，所以才责骂你们？"露西疑惑地问道。

"我看不是，她都三十几岁了还没交过男朋友。年纪到了却还没结婚的女人，一般来说都有些心理失衡。"

听了悦盈的话，刚才还在聊天的人都停了下来。因为大家都知道，露西也已经三十多岁了，同样也没有男朋友，更没结婚。悦盈感觉到了一阵尴尬方才醒悟过来，但是说出去的话就像泼出去的水，再也不能收回来了。

俗话说：祸从口出。作为职场女性，特别是职场新人，当你还不熟悉公司环境的时候，千万不要信口开河、随便发表意见，免得言多必失。初来乍到新公司，对公司里的状况还不是很清楚，或许你认为发表意见是一种表现自己的方式，但别忽视了错误的话语，往往会为你的职场生涯埋下隐患。

在与人交往中，女人一定要守好口风，并且知道什么话可以说，什么话不能说。绝对不能不经大脑，想到什么就一股脑儿全说出来，否则说完再后悔就来不及了。覆水难收，说出去的话更是如此。总之在说话之前，一定要再三思量，避免犯下不可挽回的错误。

忍一时之气，莫得罪小人

美香是公司里最喜欢拍马屁和爱打小报告的女人。

"副总，你这件衣服在哪儿买的？穿起来还真帅！"一大早就听到她在拍马屁的声音。安琪微皱眉头，因为她一向看不惯美香为人处世的方式。

"副总，没有你的带领，我们工作哪能无往不利！""副总，这项工作我可是接连加了三天的班才完成的。"听到这里安琪有些崩溃，因为这项工作可是她和美香一起完成的，而且一下班美香常常就不见人影了，害得她只好自己加班完成剩下的工作。想不到竟然被她抢了功劳。

"工作是你一个人完成的吗？我这几天一直在这里加班，怎么没见到你？"安琪气不过，私下质问美香，美香的脸色马上变得非常难看。

安琪感觉自己总算出了一口怒气，但是她却没料到接下来自己的麻烦会接踵而来。先是上班的时候玩了一下小游戏，却不知道为什么竟然让副总知道了，被严厉地斥责了一顿。后来，只要她在工作中出了一点点小差错，副总马上就会知道。安琪明白，一定是美香打了小报告，一气之下和美香大吵起来。副总却认为安琪不好好工作，也无法与同事融洽相处，对她的印象更差了。

俗话说：宁得罪君子，莫得罪小人。得罪了君子，你最多会失去一个朋友；但若得罪了小人，却会招致很大的麻烦。小人一般心胸狭窄，喜欢暗箭伤人；如果你得罪了他，他一定会怀恨在心，使用各种手段算计及报复你。

一样米养百样人，无论在什么地方，都会有这些小人存在。这种人一有便宜就马上去占，还喜欢斤斤计较，有时候得了便宜还卖乖。对于这种人，最好与其划清界限，敬而远之。与他们的纠缠越少，你的麻烦也就越少。如果不小心与这种人共事，最好不要斤斤计较，能少一事是一事。

🌸 高情商女人**法则**

1. 在人际交往中，女人一定要守好口风，知道什么话可以说，什么话不能说。决不能想说什么就说出来，以致祸从口出。

2. 在人际交往中，女人不要太轻信于人。

3. 对于小人，最好与其划清界限，敬而远之。冷漠地对待他们，与他们纠缠越少，麻烦也就越少。如果不小心与这种人共事，最好不要与其计较，避免产生祸端。

Emotional Quotient

远离是非，别当炮灰

很多人都有陷入是非，苦不堪言的经历。搞得自己郁闷不说，有时还会成为别人的炮灰。但凡有人的地方，总免不了是非，要怎么样做才能避免是非缠身呢？首先，避免接近是非的中心旋涡，一旦陷入是非之地，厄运就很容易上身。另外，除了自己不制造是非之外，还要远离是非之人。是非之人总是唯恐天下不乱，远离是非之人，是非也就远离了你。

管好嘴巴，不当是非制造机

琪琪是个为人开朗大方、容易赢得别人好感的女孩。最近，公司来了一个叫丽洁的漂亮新同事，很多男同事都对她有好感。但是丽洁却不爱说话，对人总是一副冷冰冰的样子，公司里大家都叫她"冰山美人"。

看着丽洁整天独来独往，琪琪有点同情她，私下常和丽洁聊天，有时候也会跟她分享一些零食。随着频繁的交往，两个人渐渐成了无话不谈的好朋友。了解过后，琪琪才知道丽洁原来并不是这么冷漠的人，只是受到了一次感情伤害，才让她性格大变。

丽洁高中的时候爱上一个有妇之夫，为了这个男人，丽洁不惜放弃学业，与家人决裂。很快地，男人的老婆就知道了这件事，闹得满城风雨，最后那个男人却背弃了她，丽洁不得已只好把肚子里五个月大的孩子拿掉，背井离乡，来到这个陌生的城市。

琪琪没想到丽洁会有如此坎坷的遭遇，更想不到她会将这样私密的事情告诉自己，顿时有一种被看重的感觉，发誓一定会为她保密，决不泄露。

年底公司发放冬季奖金时，琪琪因为经常迟到而被扣发奖金，工作勤奋的丽洁得到了奖励。看着丽洁喜悦的表情，琪琪感觉自己的奖金好像是被丽洁抢走了一般，心里很难受。出于嫉妒，她将丽洁以前的事情散播了出去。很快，谣言在公司里传开了，丽洁在公司再也待不下去，只好伤心地离开。很多同事知道这件事是琪琪散播的，对琪琪也渐行渐远。

无论是在生活还是职场中，经常看到一些女人围在一起窃窃私语，很多八卦谣言都会在这样的场合不经意地散播出去。如果你也听到了一些别人的个人隐私，切忌宣扬出去，**对于是是非非听听无妨，但千万不要成为八卦的散播者。**如果被人察觉，必定会影响彼此之间的关系。流言止于智者，女人要想成为职场的佼佼者，就要记得管好自己的嘴巴。

避免泄露自己的隐私

妙彤不喜欢上学，高中毕业后就进入社会工作了。工作两年后她开始感到后悔，现在很多公司都需要大学学历，她仅有的高中学历受到很多限制。

还好她表哥是一家大公司的人事经理，通过他的关系，妙彤很顺利地进入公司工作。进入公司后，妙彤发现身边的很多人都是大学生，不免有些自卑，好在还没有人知道她的学历。其中有个叫冰夏的女孩和妙彤很聊得来，两人下班之后经常一起回家，周末的时候还经常一起逛街，渐渐变得无话不谈。

有一天下班的时候，突然下起大雨，妙彤因为没有带伞，就坐表哥的车一起回家。

"你昨天怎么坐人事经理的车啊，你们是什么关系啊？"

冰夏好奇地问道。

妙彤想到自己和冰夏关系那么好，告诉她也无妨，就把人事经理是自己表哥的事情告诉了冰夏。最后，她还将自己因为学历不够，通过表哥走后门进公司的事情也一并告诉了冰夏。过了不久，公司里的人都知道了妙彤和人事经理的关系。她感到很生气，就责备冰夏为什么要把自己的隐私泄露出去，冰夏却推说这又不是什么秘密，同事好奇她就说了。

月底发放奖金的时候，因为妙彤工作努力，也在表扬之列，但是很快就有人说妙彤是因为有后台才获得奖金的。还有人把妙彤的学历不符合公司录用条件的事情反映到了老板那里，妙彤的表哥承受着很大的压力，只好请妙彤自己辞职。

我们身边总是不乏这样一些女人，喜欢向他人倾诉自己的秘密。无可否认，这种交流可以拉近同事之间的距离，促进彼此的友谊。但是一些私密的事情，则应该尽量避免泄漏出去，尤其是一些与你有利害关系的人。

心理学家研究表明，对于一些私密而容易引起关注的事情，只有1%的人能够严守秘密。因此，你所倾诉的苦衷很容易就会一传十、十传百，除了让你陷入是非当中，同时也会对你的升迁发展以及人际关系不利。

远离是非之人，等于远离祸端

芷蕊是个刚毕业的大学生，刚进公司不到一个月的时间，对每个同事都满腔热情。为了增进同事间的感情，公司里举办的所有活动基本上她都会参加。到了午休时间，尽管想休息，她也会尽量与同事聊天。

一天中午她吃完饭回来，看到办公室里最八卦的兰姐正在座位上，就走过去打招呼。

"小蕊刚毕业吧，是哪个学校的？"兰姐问芷蕊。

"椰林大道。"芷蕊有点骄傲地说道。

"哟！原来是台大的高才生，面试你的是公司的哪位主管啊？"兰姐好奇地问道。

"是副总招我进来的，我们还是校友呢！心想彼此有个照应，我就安心地来到了公司。"芷蕊不假思索地说道。

没过几天，公司就传出芷蕊和副总是大学校友，两个人之间有暧昧关系的消息，还说芷蕊是因为副总的关系才进的公司。芷蕊感到很委屈，自己和副总很少见面，怎么可能会有暧昧关系？难道自己得罪了什么人吗？

不久副总也找芷蕊谈话，问她为什么会有关于两个人的谣言，芷蕊也无从回答。副总又问芷蕊曾告诉过谁他们是校友，芷蕊这才想起来她告诉过兰姐。副总没有追究下去，只是严厉地告诫她不要在公司谈论与工作无关的话题。

无论在生活还是职场中，总会有一些是非之人，唯恐天下不乱，喜欢无中生有地制造一些言论，给你的工作和生活带来不利的影响，让你感到深恶痛绝。是非之人虽然不至于给社会带来明显的伤害，但是会严重影响同事或朋友之间的和谐关系，对于这些人一定要避而远之。

要记住，君子之交淡如水，特别是职场女性，千万不要在同事面前将自己秘密全盘托出，否则将来一定会后悔。

🌸 高情商女人**法则**

1. 对于是是非非听听无妨，切忌做散播者，如果被人发现了，必定会影响同事之间的关系。

2. 对于一些私密的事情，要尽量避免泄露出去，尤其是一些与你有利害关系的人。

3. 是非之人虽然不至于给社会带来明显的伤害，但是会影响同事或者朋友之间的和谐关系，对于这些人一定要避而远之。

Emotional Quotient

懂得换位思考，别人更愿意帮你

说到求人办事，很多人都认为这是一件很尴尬的事情，因为求人就意味着自己要低声下气，看别人的脸色行事。所以很多人都不喜欢求人办事。

但在现实生活中有太多的无奈，很多时候我们是迫不得已去求人。不管你是一个正在求职的待业青年，希望找到一份满意的工作；或是一个职场新人，希望自己的事业平步青云；抑或你是一个身患疾病的病人，希望医生能够细心地为自己治病。生活中的点点滴滴，都会有需要求助别人的时候。

很多人认为求人办事是一件很难的事情。其实，只要你能站在对方的立场多多思考，**善用自己的性别优势**，再运用一点点小技巧，求人办事其实并不难。

理解对方难处，让人无法断然拒绝

丽君是家里的独生女，不管她有什么要求，家里的人都会想尽办法满足她。再加上她长得如花似玉，又有一股公主般高贵的气质，很多男生都想追求她。这些男生想尽各种办法讨好她，不管她想做什么事情，总会有很多人抢着帮她做。

丽君毕业后，成功进入了一家外贸公司担任总经理助理。有一天，总经理临时安排她去接待一个重要的客户，但是她手上还有一份报告需要马上提交，如果此时去接待客户，报告就不能如期完成了，于是丽君想请同事帮帮忙。

丽君找到了平时和自己关系还不错的知琪，想请她帮自己写完报告。可是知琪手里还有很多工作要在下班之前完成，不一定能帮她按时写完报告。但是还没等知琪开口，丽君就说："你要快点啊，在我回来的时候给我，不然我就死定啦！"说完就匆匆忙忙地出门了。

等她回来的时候才发现，知琪并没有帮自己完成报告，自己还被总经理狠狠地斥责了一顿。丽君直到现在还记恨知琪当初没有帮自己的忙，让自己挨骂。

现实生活中，很多人都会有和丽君一样的想法，认为自己能够享受女性的特权，一旦自己开口，别人就一定会答应。

　　事实上，女性在请求他人帮忙的时候，的确有性别上的优势，但是这种优势并不是绝对的，尤其在职场中。在求人办事的时候，女人一定要明白，**别人没有帮助你的义务和责任**。所以一定要放下自己那颗骄傲的心，不要在请求别人帮忙的时候还那么颐指气使，否则即便你是世界上最美丽的女人，也不会有人在你危难之际伸出援手。

　　如果你想获得别人的帮助，就一定要放下身段，并设身处地为对方着想。真心考虑对方可能会有的难处，再适时撒撒娇，这样即使对方不会马上答应你，也不会断然拒绝，如此一来你就已经成功一半了。

根据对方的能力，提出合理的要求

　　有些人求人办事，总是认为被请求的人一定神通广大，不管自己提出什么样的要求，对方都能帮自己实现。但人的能力是有限的，不可能次次达到你所提出的要求。这时候，聪明的女人应该知道，要**根据对方的能力大小，适当地调整自己的期望值和要求**。千万不能让对方觉得这件事情很难完成，或向对方施加太大的心理压力，否则只会造成反效果。

　　静娴最近愁容满面，因为妈妈生病住院了，急需三十八万元进行手术。可是自己才刚刚毕业找到工作，并没有什么积蓄，家里的经济条件也不是很好，根本没有办法凑齐手术的费用。周遭朋友大多和她一样，刚刚进入职场，要是请同事或老板帮忙，金额太高，又很难开口。

后来她想了一个办法，顺利地凑齐了给妈妈做手术的钱。她知道自己的同学和朋友余钱不多，于是就跟他们说："我妈最近动手术需要五万块，我手里没有那么多，你能先借一点给我吗？"找关系好的同事借钱时，她就说："我妈的手术需要十万块钱，我现在没有那么多钱，你能先借一点给我吗？"

静娴之所以能够迅速凑齐手术费，就是因为她很聪明，懂得根据好朋友的经济能力提出适当的金额，不会让他们为难，所以自己只要多找几个人，很快就能凑齐了。如果她一开口就对别人说："我急需三十八万，你能借给我吗？"很多人肯定会被这个庞大的数字给吓到，即使有心想帮忙，也使不上力气。

所以，在我们请求别人帮忙的时候，要多多学习静娴的方法，适当降低自己的要求，不要向对方穷追猛打，非得要对方做到某种程度，否则就不够朋友。换句话说，就是要学会知足，别人能帮多少是多少，不要勉强别人做他们做不到的事情。即便别人只是举手之劳，也要心存感激。

用豁达的态度面对拒绝

有时我们真心诚意地请人帮忙，但对方不一定能答应我们的请求。同样的，当我们遭到拒绝的时候，千万不要过分追问对方原因，尽量以豁达的态度来面对，这才是上上之策。

茜茜是一家服装工厂的临时工，每天都要对工厂里生产的服装进行库存统计。过几天她的奶奶就要过八十岁生日了，她很想回家为奶奶庆祝生日。但那天她正好要值班，要是等下班后再赶回老家一定来不及，于是她就想和其他同事换班。

她找到一个原本休假的同事，跟她说明了自己的情况，希望她能和自己调班。这位同事想了一会儿，很为难地说道："我也很想帮助你，但是我不能和你换，因为……"茜茜看她不好意思的神态，马上就明白，她一定也是有很重要的约会，于是赶紧说："不要紧的，你一定也有自己的事情要忙，我再找别的同事商量一下，真的不行的话我还可以请假。"

最后，茜茜还是和经理请了一天假，回去为奶奶庆生了。先前那位没有和她换班的同事，觉得有点对不起她，自那以后茜茜需要帮忙，她都会主动去帮她，两人最后成了好姐妹。

这就是茜茜的聪明之处，面对同事的拒绝，她心里虽然很失望，也想知道原因，但她却没有缠着对方一定要说出原因，反而很大度地表示没关系。因为她明白，**别人拒绝自己一定有理由，如果非要问清楚，不但会让别人为难，还会让自己失去一个朋友**。再说，如果只是普通的同事关系，别人帮你是情分，不帮你是本分，没有必要为此过分苛责对方。

茜茜在处理这件事情的时候，最聪明的地方就是在对方就快要说出理由的时候，拦住了对方，为对方保留了颜面。你也可以和她一样，当接收到对方拒绝的态度，不妨自己把话打断，表示没有关系，反过来去安慰对方。这样对方反而会感到过意不去，说不定日后就会主动过来帮助你！

❀ 高情商女人**法则**

1. *请求别人帮忙的时候，一定要懂得放下自己的身段，设身处地考虑对方的难处，再适时运用自己的性别优势，动之以情，让对方不好意思马上拒绝。*

2. *根据对方的实际能力，适当降低自己的要求。不要向对方施加太大压力，让对方觉得自己有能力来帮你完成这件事。*

3. *当别人拒绝了自己的请求时，要保持豁达大度的心态。这样对方会感到过意不去，也许下一次他就会主动帮忙了。*

Emotional Quotient

点破不说破，才是真聪明

人际之间的交往互动是一门艺术，只要掌握了这门艺术，你就会在与人交往互动中无往不利，广受欢迎。但是想掌握这门艺术，却不是一件简单的事情。其实，我们只要掌握其中一项小技巧，就可以终身受用。这个技巧就是——聪明做事，糊涂做人。

处理事情的时候，你或许可以表现得尽善尽美，毫无保留地展现自己的聪明才智；但是在处理人际关系的时候，就要留意把握分寸，千万不要卖弄聪明，以免得罪人，让你在纷繁复杂的人际网络中，搞得乌烟瘴气。

不把话说破的艺术

香寒的老公达明是个好客的人，经常请朋友来家里聚会。

　　每次达明的朋友一来，香寒都会热情地端茶倒水，招待老公这些好朋友，大家都夸达明娶了一位贤惠的老婆。达明的朋友都非常知趣，一看时间差不多了，就会陆陆续续地离开。最近达明又结交了一位名叫俊杰的新朋友，两个人一见如故，很谈得来，他也经常来香寒家里玩。

　　一天晚上，俊杰又来造访，他想请达明帮忙看一下自己为公司做的企划案。达明看了一下，然后提出了几点意见。俊杰收起企划案后，并没有想要离开的意思，反而和达明开始高谈阔论起来。时间已经不早了，孩子们也都该上床睡觉了。香寒看到老公也有点累了，但是俊杰却止说得兴致高昂，香寒也不好意思请客人回去，该怎么办呢？

　　香寒灵机一动，把客房简单整理了一下，然后走到客厅对达明说："时间已经不早了，我收拾了一下客房，晚上就让俊杰住在这里吧！"

　　然后她又对俊杰说："我刚才把客房收拾了一下，晚上你就住在这里，和达明好好聊聊吧！"

　　俊杰听了香寒的话，才发现自己已经待太久了，耽误了主人的休息时间，于是马上告辞。俊杰因为聊天聊得非常起劲，忘记了应有的礼节。香寒如果这时候把话说破，告诉俊杰"时间不早了，你也该走了"，很容易让俊杰陷入尴尬的境地，并且也会失去对客人应有的尊重。她故作糊涂的方式，不仅尊重了客人，不会让客人太过难堪，也为老公留足了面子。

点破不说破，是一种很聪明的说话技巧，看似糊涂，实则聪明。既能让你达到目的，同时还可以避免得罪人。

需要注意的是，点破别人的同时，要抱持着一种相互理解的态度，认真考虑对方意识到自己犯错后的心情。例如香寒邀请俊杰住在自己家里时，要抱持一种真诚的态度，以表达热情邀请的意思，而不是摆出一种厌烦的表情。只有这样贴心点破，才不会让别人难堪，从而对你充满感激。

别自作聪明，让人下不来台

青文原先有好几个好姐妹，大家经常会一起聚聚，聊聊天或者唱唱歌，玩得很愉快。但后来当她打电话邀请大家一起出来聚聚时，很多人都渐渐开始推辞。

青文想大家可能都太忙了，所以没空出来聚会，毕竟有好几个姐妹都已经结婚有孩子了。有一天，青文感到无聊，就一个人去了酒吧喝酒。后来青文无意中发现好几个姐妹在其中的一间包厢里聚会，竟然没有邀请自己。

　　"哟，原来你们都在这里喝酒啊！怎么也不跟我说一声啊？"青文不解地问道。听到青文的声音，大家似乎都有些坐立不安。小蕴讪讪地从座位上站起来，一脸尴尬地说："青文，我们也只是偶然碰到的……"

　　青文并没有再计较什么，而是马上坐了下来。一看到小果，她马上大呼小叫起来："小果啊，你以后要多注意你家孩子啊！前几天我看到他和同学一起进了超市，结果被店员当场逮住，他竟然顺手牵羊啊……"青文的大实话让小果顿时变了脸色，这正是她最近心烦的原因，没想到青文这么直截了当地当着众人的面点中她的痛处，一点也不顾及她的面子。

　　"小云啊！"青文指着小云说，"你这丫头可不能为了钱就和智杰继续在一起，他可是个狡猾的人，你这样只会吃亏，最后什么都得不到……"小云听着青文的话，脸上青一阵紫一阵的，煞是难堪。

　　一个人若自视聪明，习惯去挑剔别人，那么她身边的朋友就会觉得自己在她面前显得浑身都不自在，然后渐渐地远离她。其实青文说的事情，也许很多姐妹都知道，但是家家有本难念的经，当事人不想说出来，旁人也不该自作聪明地说出来。从青文细致的观察力来看，她是个聪明人。但是处事聪明，做人却不聪明，因此最终只能和原本要好的朋友渐行渐远。

在人际交往中，千万不要自作聪明、自以为是，自以为聪明地去戳中别人的痛点，那样只会聪明反被聪明误。希望女性朋友们都能谨慎小心，不要自以为善解人意，就去揣摩别人的心事，结果让人下不来台。若一直如此，你的人际关系将会每况愈下。人人看到你将会避之唯恐不及，更不用说对你推心置腹。

❀ 高情商女人**法则**

1. 点破不说破，是种聪明的说话技巧，看似糊涂，实则聪明。既能让你达到自己的目的，同时还可以避免得罪人。

2. 一个人如果太过聪明，习惯去挑剔别人，那么她身边的人就会觉得在她面前畏首畏尾、浑身不自在，然后渐渐地远离她。

3. 为人处世不可自作聪明，该糊涂的时候就要装糊涂，不做独自清醒的人。这样你会发现，自己的人缘反而越来越好。

Emotional Quotient

Part ④

与异性相处，
聪明的女人会适时要点小心机

普通异性朋友，贵在有界线

随着女性进入职场，男女之间工作的交流互动也就变得十分频繁。但是当普通异性朋友和你太过亲密的时候，不但会影响你的工作，还可能会对你的感情生活造成影响。因此，为了避免与异性陷入暧昧之中，一定要学会和普通的异性朋友保持适当距离。

避免跟普通异性朋友倾诉心事

燕妮是一个很外向的女孩子，喜欢和男孩们一块玩，有时候还喜欢向他们倾诉一些烦恼。

燕妮公司的大志是一个不善言谈的男孩，燕妮每次见到他总是先和他打声招呼，平时工作上有什么困难，也喜欢找大志帮忙。有一天燕妮工作出错，被老板训斥了一顿，燕妮很委屈，于是晚上打电话约大志一起到酒吧喝酒。在酒吧里，燕妮将自己的委屈一股脑宣泄而出，大志细心体贴地安慰燕妮。燕妮很高兴有这个朋友分担烦恼，心情顿时愉快不少。

从那以后，大志对燕妮更加体贴，经常为她买些小点心，平时还经常和燕妮一起上下班。不久，公司里的同事就传出了大志和燕妮正在谈恋爱的流言蜚语。燕妮知道后很吃惊，她一直只是把大志当作好朋友，怎么会突然变成了男女朋友？燕妮想是大志误会了自己，就去和大志沟通解释，不料大志却很恼怒，直说燕妮玩弄自己。

这件事情过后，大志和燕妮彻底断绝了关系，见面也都不说话，公司里的同事看到燕妮也闪烁其词。后来公司又来了一个男孩，长相英俊并且很有才华，燕妮对他十分心仪。她是那种很豪爽的女孩子，就直接向那个男孩表白，没想到那个男孩却说："我听说你喜欢跟男生搞暧昧关系，我不喜欢这种女孩子。"燕妮真是有苦难言，没想到自己大大咧咧的性格，毁了自己的名声不说，还让自己错失了爱情。

异性男女之间的关系通常很敏感，若常在一起彼此倾诉一些比较隐私的话题，很容易产生情愫，并且引人误会。如果你只想和某个男性做普通朋友，千万不要随意向他倾诉你的隐私。对于已婚女性来说，更要尽量避免向异性倾诉一些

家庭问题，否则很容易被异性当作一种对他有好感的暗示。
当你有了烦恼或压力，不妨跟同性朋友或者家人倾诉，以免
让自己的另一半误会，影响家庭幸福。

　　总之，与普通异性朋友交往，尽量做到公开大方。如果
总是犹抱琵琶半遮面，或私下来往，很容易让人产生误会。

避免在异性面前穿着暴露

　　珍珍是一个穿着前卫，但心思单纯的女孩。夏天天气很
热，珍珍喜欢穿超短裤上班，少女般充满活力、曲线优美的
身材，让办公室的很多男性都忍不住多看她几眼。

　　有一天，珍珍去洗手间，办公室里的一个花花公子竟然
从背后摸了她一把。珍珍很生气地斥责了他几句，没想到对
方竟然甩下一句："装什么纯洁！"然后大摇大摆地离开了。

　　另外，公司的一个副总经常请珍珍去自己的办公室谈话，
谈话过程中竟然对珍珍动手动脚，说之前没发现珍珍原来有
这么好的身材。珍珍虽然很反感，但是公司的福利和待遇很
好，她为了保住饭碗，只好忍气吞声，尽量避免与副总接触。

　　有一次下班时间，副总又找珍珍谈话，珍珍为了避免被
骚扰，只好找另外一位女同事陪自己过去。不料副总却直接

让那个女同事下班了。女同事走后，副总想要非礼珍珍，珍珍盛怒之下直接推开了副总。不料副总却一脸鄙视的语气说道："穿得那么暴露，还装什么圣女！"

这件事情过后，珍珍已经不想在公司继续待下去了，所以默默辞了工作。她不明白，自己只是穿着比较清凉，为什么会遇到这么倒霉的事情？

女性若是穿着过于暴露，不仅会使男性感到尴尬，也会让人产生不好的印象。另外，一些别有用心的男性，容易因此对你产生非分之想，对你的安全造成不良的影响，增加被骚扰的可能性。

穿着暴露的女性，内心往往存在着希望被关注的心理，但同时也会降低上司和同事对你的信任度，给他们留下轻浮的印象。**穿着过于暴露，还容易给客户留下不专业的印象。**因此，女性着装最好要庄重，私底下再穿比较性感的衣服展示给自己的另一半看。这样既会让你们的感情升温，也不至于给人留下不好的印象。

避免与普通异性朋友来往过密

立雯是个大大咧咧的女孩子，和明伟是从小玩到大的朋友。立雯用男闺密来形容明伟，每当遇到什么事，立雯总是第一个想到明伟，这种状态直到立雯结婚之后才结束。

因为立雯的老公不喜欢他们俩走得太近，更何况明伟也有了女朋友，所以立雯结婚之后和明伟的联系越来越少。

有一天，立雯因为一些琐事和老公吵架，老公一气之下摔门而出。立雯很委屈，就一个人到酒吧喝酒。由于很想找人倾诉，她就打电话给明伟。明伟一来，立雯一下子趴在他怀中大哭起来，并扬言要和老公离婚。明伟看着立雯的眼神有些心疼，最后两个人喝得酩酊大醉，糊里糊涂就发生了关系。

早上醒来之后，立雯非常后悔。她非常爱老公，但是没想到自己一时糊涂竟然发生了这样的事情。当她告诉明伟希望两个人忘记咋晚发生的事情时，明伟非常生气。原来他一直在暗恋立雯，立雯结婚之后，他好不容易才放弃对她的念想，还交了女朋友。但这次是立雯自己主动打电话给他，他听到立雯想离婚，以为自己还有机会，顿时对立雯重燃爱意。想不到立雯现在却态度转变，感觉自己像是被立雯玩弄了。

明伟一气之下，就将和立雯发生关系的事情，原原本本地告诉了立雯的老公。立雯的老公非常生气，坚决要离婚。立雯欲哭无泪，失去了一个好朋友不说，还赔上了自己的婚姻。

虽然说正常的异性交往有利于身心健康以及扩展人际关

系，但切记在与普通异性朋友交往的时候，应该注意场合、时间以及分寸，避免交往过密。尤其是身体的接触，一定要保持适当距离，否则很容易发生误会。另外，对于对自己有好感的异性，一定要避免单独相处的时间过长，也千万不能利用别人对自己的好感，就对他过分依赖。

异性之间的友情界线，就好像刺猬一样，一旦靠得太近，不仅会伤害别人，也会刺伤自己。为了避免伤人害己，一定要保持适当的距离。

🌸 高情商女人**法则**

1. 与普通异性朋友交往时，不要轻易倾诉你的隐私，并且尽量避免向异性谈及感情上的困扰，以免被异性当作一种好感的暗示。

2. 女性应避免穿着过于暴露，否则容易造成尴尬。一些别有用心的男性，也会对你产生非分之想，对你的安全造成不良影响。

3. 异性之间的友情界线，就好像刺猬一般，靠得太近不仅会伤害别人，也会刺伤自己。切记要和普通异性朋友保持适当距离。

Emotional Quotient

对男人来说，饿死事小，面子事大

人们总是把自己的面子看得很重要，男人尤其如此。对于一些男性来说，面子和尊严可是胜过他的一切。现代社会压力大，男人要承受的也更多，很多时候他们并不像外表看起来那么坚强。在情感的世界里，女人如果能学会**多给男人留面子**，放大他的优点，你们的感情将会更加甜蜜。

留给他足够的零用钱

思慧是个很漂亮的女人，父母对她很娇宠，她在家里说一不二。结婚之后，老公辛豪也对她言听计从。

思慧听朋友说，结婚后的男人一旦有钱就会变坏。为了防止老公出轨，她对家里的钱财把关甚严。不仅老公的薪水每个月要按时上交，思慧平时给老公的零用钱也很少，除了一天三餐的吃饭钱，思慧几乎很少给老公额外的零用钱。

有一天，辛豪的好朋友从国外回来，辛豪当然得款待一番，于是他邀请好朋友一起去意大利餐厅吃饭。好朋友听到辛豪现在事业得意，住在小豪宅里，还娶了一位很漂亮的老婆，非常羡慕他。从好朋友羡慕的眼神中，辛豪获得了很大的满足，但是没过多久，这种满足就变成了极大的尴尬。

吃完饭后，辛豪请服务员过来买单，打开钱包正准备付钱的时候，辛豪的脸色却沉了下来。他又翻了翻钱包，脸色更难看了。情急之下，辛豪只好对朋友撒谎说，自己的钱遗忘在家里了，请朋友先帮忙垫付。朋友很诧异，看了看辛豪，然后笑着付了钱，那种笑容真让辛豪恨不得钻到桌子底下去。他知道自己先前放在钱包里的钱，一定是被老婆拿走了。自己的薪水一直在思慧的掌控之中，他本来想拿公司发的奖金请朋友吃饭，没想到竟然连奖金也被老婆扣押了。

回到家后，脾气一向很好的辛豪和思慧大吵了一架。思慧看到一向很听自己话的老公竟然和自己大吵大闹，感觉很委屈，就威胁说要跟辛豪离婚。

没想到辛豪竟然大声说道："离就离！我早就受够你了。让我一点自我和尊严都没有，这样的婚姻还有什么意思？"说完这些话，辛豪就离家出走了。

无论是在职场还是在生活中，很多男人都需要面对应酬问题，因此作为妻子，一定要给老公留下足够的零用钱。否则在一些需要应酬交际的场合，他就很容易在外人面前丢面子。在不利于他人际关系发展的同时，也容易让他产生反弹的情绪。所以，为了让你们的感情更加甜蜜融洽，在他出门的时候，不妨在他钱包里偷偷塞上足够的零用钱。

在外人面前，给他留点面子

小米是个脾气有点坏的女人，但有一次她和老公通电话，却让大家感到很诧异。

"你什么时候回家？别太晚了。"小米说道。

"好了好了，今天我会晚点回家，你就别啰唆了。正忙呢，先挂了！"因为手机处于扩音状态，所以能听到两人谈话。

"老公，我知道了，你少喝点酒，酒后千万别开车。如果太晚了回不来，就打电话告诉我一声。"小米温柔地说道。

想不到，平时坏脾气的小米，竟然也有如此温柔的一面。看到大家惊奇的眼神，小米说，老公会这样说话，想必是因为身边有很多男性朋友，为了显得自己不怕老婆，所以才会那样说话。为了顾及老公的面子，她当然要尽力配合老公了。

"你们等着看吧！今天晚上回家，他一定会尽力讨好我。"小米心满意足地说道。

想不到平时大大咧咧的小米，竟然如此"驯夫"有术。

仔细观察后，大家还真的发现，只要在有外人的场合，小米总是一副小鸟依人的模样，对老公的话可以说是言听计从，还不时夸赞自己的老公。

大家猜测，小米大概很怕她老公。但是有一次到小米家里做客才发现，小米那个在外面呼风唤雨的老公，竟然围着围裙在厨房里做饭，而小米却懒洋洋地躺在沙发上看电视，还一边指示老公给自己拿零食，小两口一副乐此不疲的样子。

面子对于男人来说是无可替代的，在有些男人的眼里，什么都可以丢，只有面子不能丢。而很多时候，男人的面子是需要女人给的。**聪明的女人，在男人需要面子的时候，一定要学会示弱。**女人的温柔和眼泪是制伏男人的最佳武器，在外人面前学会替男人做足面子，他也会因为你的配合而感到开心，更加疼惜和珍爱你。

很多善于处理夫妻关系的女人，在外面表现得温柔体贴又听话，回到家却是女人做主。在外人面前，给男人留点面子，也就等于给自己留点余地。懂得体贴温柔，让男人展现阳刚的一面，你们的感情就会更加甜蜜稳固。

为他多保留一些私人空间

在很多人眼里，亮仪的老公是个模范老公，不抽烟，不喝酒，几乎不进夜店玩，还经常帮亮仪做家务。但是让人意想不到的是，最近亮仪的老公却闹着要和她离婚。

"我实在受不了她！"亮仪的老公无奈地说道，"我的薪水几乎都给了她，但每天不管我花什么钱，都要跟她报备。稍微说不清，她就问我是不是花在别的女人身上了。只要有人打电话给我，她就问是男的还是女的，并且查看我的电话。如果对方是女生，她就会打过去询问对方和我是什么关系，害得女同事即使是工作上的事情，也不敢和我联系。前两天有个女客户，因为产品的问题打电话给我，过后她竟然打电话过去盘问，结果人家一生气竟然不订购我们的产品了。现在我不但被公司开除了，还要赔偿公司的损失。"

亮仪的老公说完原因，亮仪竟委屈地哭了起来："我这不是因为爱他吗，我怕他在外面有了其他女人就不要这个家了。"

经过沟通之后发现，原来亮仪有了孩子之后，便在家里做起了全职家庭主妇。家里开销变大，只有老公一个人赚钱，因此亮仪就对钱管得比较紧。加上她不上班，生完孩子之后身材也有些变形，对自己感到自卑，总担心老公不要自己，所以才一直盘查老公的隐私，想不到却让老公丢了工作。

亮仪的苦恼和担忧我们能够理解，但是需要注意的是，夫妻之间即使结了婚，也存在一定的私人空间。如果留给男人的私人空间太少，会让他很没面子，不仅感觉婚姻限制了他的自由，还会让他对婚姻生活怀有反感情绪。

对于女人来说，一定要有自己的独立生活，不要在感情或者婚姻生活中失去了自我。如果你在生活中过于依附男人，就容易把自己的精力用来关注他的私人生活。时间长了，你也会在男人眼中失去自身的魅力。亮仪现在需要做的，除了留给老公多一点私人空间外，还需要有自己的生活重心，并且要不断地充实和提升自己。

🌸 高情商女人**法则**

1. 男人外出时，一定要留给他足够的零用钱，避免因为该出的钱出不起，让他在外人面前丢面子。

2. 在外人面前给男人留点面子，也等于给自己留余地，你们的感情将会更加甜蜜稳固。

3. 男女双方即使结了婚，也存在一定的私人空间。如果留给男人的私人空间太少，会让他很没有面子，进而对婚姻生活产生反感。

Emotional Quotient

会撒娇的女人最好命

很多女人总是苦思冥想，要如何才能真正抓住男人的心。其实女人只要在适当的时候撒撒娇，就会让坚强勇敢的男性顿时手足无措、晕头转向，心甘情愿地为你上刀山、下油锅，套句老话"赴汤蹈火，在所不惜"。

大多数男人都喜欢撒娇的女人，相较于那些自视甚高、冷若冰霜的女人，会撒娇、小鸟依人或是展露出可爱表情的娇俏女人更让男人怜爱。

现实生活中经常会听到一些女人的感叹："她看起来也不怎么漂亮，为什么能抓住那样优质的男人啊？"是的，也许她确实是个很普通的女人，但是她的娇俏可爱，却能让那个男人为她折腰，让对方心甘情愿地进入她的温柔乡。

撒撒娇，让生活更滋润

绮雯是个事业上很成功的女人，她经营着一家很大的百货公司，是个名副其实的女强人，而她的老公却只是一个普通的政府公务员。很多人说，女强人的婚姻一般来说都不会幸福，但绮雯却是个例外。更让大家惊奇的是，绮雯在老公面前，竟是个"撒娇女王"。

"亲爱的老公，今天又要加班了，我好想吃你做的饭哦！"加班的时候，绮雯总喜欢这样撒娇。

"好的，宝贝儿，一会儿我做好了给你送过去。"下班回家的老公听到她的撒娇，浑身酥软地答道。很快地，老公便带着自己做的爱心便当送到了绮雯的公司。看到老公送来的便当，绮雯又大肆赞扬了老公一番。老公得意的同时，也看到了绮雯工作的辛苦，对她更加理解和疼爱。

虽然绮雯赚很多的钱，但看到一些自己喜欢的小礼物，总会撒娇跟老公索取。"亲爱的老公，今天我看到一只很漂亮的手表，好想要哦，你帮我买好不好？"绮雯的老公虽然赚的钱不多，但是看到老婆对自己的撒娇和要求，一股男子气概油然而生。

在很多公共场合，只要有老公在场，绮雯就会展现出一副小鸟依人的姿态；在外人面前提到老公，也总是直夸老公优秀，自己的成就主要来自于老公的支持。所以尽管结婚好几年了，绮雯和老公的感情却越来越甜蜜。

男人虽然在外面闯荡事业时勇猛无比，但是在感情上却有着极其单纯的一面，温柔又爱撒娇的女人最能满足他们的保护欲。当自己的女人对着他们耍赖撒娇时，他会觉得自己是全天下最有男子气概、最有魅力的男人，对女人的怜爱和保护欲也会随之而来。

几乎每个男人都希望自己的女人能在自己面前多撒娇。女人们，不管你的年纪有多大，事业有多么成功，不妨适时展现你的柔弱，将自己变成一个需要男人宠爱的女人，唤醒另一半心底的柔情，这样你们的爱情生活才会更加滋润和甜蜜。

另外，在平淡的婚姻生活中，老婆适当撒撒娇，对于婚姻生活也是一种调味剂，会让你和老公有沉浸在恋爱中的感觉，感情也会随之升温。

用对方喜欢的方式撒娇

孝萱最近很苦恼，因为她和老公吵架了，总觉得老公对自己越来越不重视。

"你老公对你还是很好啊！每天按时回家，领了薪水也都交给你，你还有什么可抱怨的？"好姐妹不解地问道。

"我感觉他现在开始嫌弃我了。"孝萱伤心地说道。

原来，有一天孝萱的老公正在研究一些文件，孝萱躺在沙发上看娱乐杂志，看到林志玲的封面时，她随口问老公："老公，你说是林志玲漂亮还是我漂亮？"

老公正在忙，头也不抬地便敷衍道："不知道。"

孝萱觉得有些生气，就跑到老公身边，揪住老公的耳朵问道："是我漂亮还是林志玲漂亮？"

老公这次学乖了，他马上回答道："那还用说，当然是你最漂亮了。"

"你说谎，明明是林志玲漂亮，你却虚伪地说是我漂亮，你一定认为我不漂亮了。"孝萱无理取闹地说道。

"你无聊不无聊？每次都问我这种问题，说了答案你又不满意，你到底要我怎么样？"老公终于不耐烦地吼道。结果一场家庭战争一触即发。

其实孝萱的行为也算是一种撒娇，她希望通过撒娇引起老公的关注。但是需要注意的是，撒娇也是需要技巧的。恋爱初期，男人会觉得你是全天下最美的女人，如果这个时候你拿世界上最美的女人和你相比，问男人哪一个最漂亮，他一定会毫不犹豫地选择你。但是随着婚姻生活进入平淡期，如果你再强问这些问题，他可能就会违心地回答，答案也往往不会令你太满意。这个时期，你要比的不是漂亮，而是个人的独特魅力，撒娇的内容也应该随之而改变，否则你的撒娇将会变成无理取闹。

人们常说，三十岁的女人最好不要做二十岁的事情，而二十岁的女人也要学会成长。随着身心的日臻成熟，女人不应该仅仅局限于关注外表，还应该多提升自己的内涵和修养，对心爱男人撒娇的内容也应该有所变化。而且男人结婚之后，肩上的压力会越来越大，需要你更多的安慰和鼓励。不妨选择男人最喜欢的撒娇方式，来让你们的感情更加甜蜜稳固。

撒娇也要注意时间场合

静盈是一个很爱撒娇的女孩，男朋友一开始十分喜欢。每次遇到男朋友不喜欢的事情，只要她适时地撒一下娇，男朋友马上就会举手投降，可以说对静盈是有求必应。但是一段时间过后，男朋友却向静盈提出了分手的要求。

静盈感到很委屈，好几次都大哭着向男朋友询问原因，结果男朋友只要看见她就会马上躲开。好朋友风露很同情静盈，就私下找到静盈的男朋友询问原因。

她的男朋友说道："刚开始我还挺喜欢她可爱的性格，以为这是爱我的表现，后来才发现她撒娇根本不分场合。我们公司周年庆时，我带她去参加，当时上司正在和我商谈工作上的事情，她竟然不分场合地非要拉着我离开，搞得我十分尴尬。这可是我好不容易才有的一次好好表现自己的机会！"

"也许她当时真的心情不好，需要你体谅一下。"风露替静盈说话。

"有可能吧，所以那次我就原谅她了。但后来她却越来越变本加厉，让人完全无法忍受。比如说，有时候我加班加到很晚，连吃饭的时间都没有。结果她还打电话来，吵着要我给她买奶茶回去，没有买就大哭大闹，搞得我十分疲惫，晚上连觉都睡不好。现在我提出分手，她竟然每天哭哭啼啼地跑到我们公司门口，害得我的同事都以为我做了什么见不得人的事。我必须马上和她断干净，不然我就要崩溃了。"静盈的男朋友痛苦地说道。

男人虽然喜欢女人撒娇，但是也要分时间和场合。**一般情况下，撒娇是两个人私底下的事情。**当然，如果不怕别人肉麻，也可以在众人面前打情骂俏。但是一旦处于比较重要的场合，例如工作场所或是在一些重要的长辈面前，最好还是庄重一些，别在他人面前撒娇，或做出过于亲密的举动。这时候男人需要的是一个懂事、识大体的女人，而不是一个无理取闹的女人。

　　另外，即使在私底下，撒娇也要看时间以及男人当时的心情。如果他最近因为在外面打拼生活压力较大，经常感觉疲累，或是工作不顺利，被上司盯得很紧而心情不好，这时候最好就不要胡乱撒娇，要求男人帮你做一些额外的事情。否则很容易让他反感，影响彼此的感情。

❀ 高情商女人法则

1. 在婚姻生活中，老婆偶尔撒撒娇，对于婚姻生活会是一种调味剂，让你和老公有沉浸在恋爱中的感觉，感情也会随之升温。

2. 随着身心的成熟，女人不应该仅仅局限于关注外表，还应该多提升自己的内涵和修养，对心爱男人撒娇的内容也应该有所变化。

3. 男人喜欢女人撒娇，但是也要区分时间和场合。在一些重要的场合，最好不要胡乱撒娇，以免造成反效果。

Emotional Quotient

爱他，就要看见他的赤子之心

在和男人交往的过程中，很多女性都希望男人可以像宠孩子一样宠爱自己。但是到后来却发现，男人却处处需要自己去照顾和体谅。即使这样，有的男人还身在福中不知福，于是就得出了"男人都是不可靠的"结论。

女人在把男人当作遮风挡雨的靠山时，早已经错误夸大了男人的强大力量。她们忽略了一个最根本的问题：男人其实也是一个孩子。如果你想抓住一个男人的心，要记得看见他的赤子之心，让他信赖并依靠你。

对男人多关心照顾

岚岚有一个幸福的家庭，老公是个事业有成的商人，她自己则是个银行职员。五岁的孩子由公婆照顾，周末时全家会聚在一起享受天伦之乐。相较于很多兼顾家庭、事业的职业妇女，岚岚的日子过得相对轻松自由。

两年前，岚岚因为轻微的颈椎疼痛，辞职在家做起了家庭主妇。孩子不用自己照顾，加上老公到了晚上才回家吃饭，岚岚感到生活有些无聊，于是开始找一些姐妹打打麻将。随着打麻将时间的增长，岚岚渐渐沉迷于这项娱乐，晚上也很少回家做饭。有时候她回到家里，老公已经睡着了。由于害怕老公埋怨自己，岚岚请了人帮忙做饭，自己很少再下厨。

有一天出去打麻将时，一个姐妹告诉岚岚，逛百货公司的时候，看到岚岚的老公和一个女人在一起逛街。岚岚听到后备感惊慌，但说老公是和一个亲戚去逛街，自己早已知情。

晚上回到家里，岚岚打老公的电话一直打不通。她坐车到老公公司附近，却看到老公和一个女人亲密地下楼坐车。

岚岚的情绪一下子就崩溃了，她不敢想象没有老公的生活。她驱车跟着老公，在一家商店，她看到那个女人正亲密地拉着老公，帮他挑选卫衣。岚岚这才想起来，这一年的时间，自己都没有帮老公买过衣服，也很少关注他的生活起居。没想到因为自己的疏忽，竟然将老公推向了另外一个女人。

一个男人，无论在事业上获得多大的成就，还是像个孩子一样，需要女人的关心。在生活上，他们需要女人为他们操心，照顾他们的生活起居。甚至在穿衣上，很多男人对服装没有概念，需要你告诉他适合穿哪件衣服。有时候男人会把房间弄得很乱，就算你责怪他几句，甚至捶打他几下，他也会有一种被照顾的甜蜜幸福的感受。

若是对男人不闻不问，对他来说等于是一种无言的伤害。他会像个孩子一样渐渐地远离你，去别处寻求另外一种心理安慰。所以，当你无意间看到自己的男人和别的女人走在一起，你在伤心的同时，不妨反省一下自己：你带给他足够的关心了吗？

多体谅男人的辛苦

丽晶是个有些娇气的女人，结婚后老公一直很疼爱她，但是最近两个人之间的争执却越来越频繁，丽晶一气之下就回了娘家。

"我只不过说说他，请他不要把臭袜子乱放，他竟然对着我发火。还有最近一段时间，要他陪我逛街，他都推三阻四的，没有一次成行。结婚前他可不是这样的啊！把我娶回家就开始给我脸色看了。"丽晶委屈地向妈妈倾诉。

"男人在外面工作也不容易，你不能只顾着自己的情绪，多关心关心他，看他最近是不是遇到什么麻烦了。"妈妈安抚了丽晶一番，就打电话请丽晶的老公来接丽晶回家了。

回到家后，老公向丽晶道了歉，说自己这段时间确实脾气不好，希望丽晶能够原谅自己。丽晶静下心来，听老公解释，才知道他最近在公司负责的一个大订单出了问题。为了挽回局面，这几天他一直在客户的公司求情，希望他们能够维持与自己公司的合作，但是对方一直无动于衷。丽晶打电话要老公陪她逛街时，老公正在被老板训斥，所以说话才有些冲。

丽晶也是上班族，知道丢了订单的难处，一想到老公碰到问题，自己都没有发现，也没有关心他的情绪，还一直抱怨，不禁感到惭愧，她向老公道了歉。最后，两个人重新和好，感情也更加亲密了。

现代社会工作和生活压力都很大，男人往往需要承担更多的压力。他们不像女人那样喜欢倾诉出来，而是选择默默地压抑在心中。他们虽然外表很坚强，但内心却很脆弱，因为他们希望让父母看到自己是最好的一面，让孩子知道自己是最强大的，让另一半知道自己是最优秀的、值得依靠的。

但面对困难时，男人也会情绪低落。因此，当你发现心爱的男人情绪低落，眼神中充满疲惫的时候，请不要肆无忌惮地撒娇，硬要他帮你做这做那。这时候的他很有可能会忍不住爆发，做出一些伤害你的事情。这时候的你更要体谅他的辛苦，学会安慰他，安静地陪在他的身旁，帮他分担忧愁，并鼓励他打起精神，迎接生活的各种挑战，一同克服眼前的困境。如此一来，相信他一定会更爱你。

多赞美和鼓励男人

丽莎是一个骄傲性感、很有异性缘的女人，而且对付男人很有一套。她常自信十足地说："只要我出手，就没有男人不拜倒在我的石榴裙下。"

看着那么多男人都围绕在她身边，我们在既羡慕又嫉妒的同时，也不禁感叹，现在的男人真是禁不住一点诱惑。但在一次偶然的接触中，我们才发现，男人之所以为丽莎倾倒，不仅仅是因为她漂亮，更因为她有一张善于赞美男人的甜嘴。

公司新来了一位黄金单身汉，不仅年轻英俊，而且学历颇高，刚从国外获得博士学位回来，听说家境也很不错，惹得公司里那些未婚的小女生们一个个蠢蠢欲动，丽莎也是其中一位。

"听说你一直在国外念书？"在茶水间倒咖啡时，丽莎主动搭讪问道。

"啊！我十一岁就去了国外。"

"那么早，我们在那个年纪还整天围着父母转，想不到你这么独立，这么小就自己一个人到国外求学了，真了不起。"

"当时我也是有亲戚在那里，不然我哪能一个人出国啊！"

"那也真的很厉害啊！那么小就离开了父母，还取得了那么高的学位。"

"我妹妹更早，十岁就出国了，比我当年更小。"黄金单身汉笑道。

"天哪！你们家人怎么都那么优秀。你父母真厉害，生出这么棒的孩子们。"

几句话的时间，丽莎竟然将黄金单身汉的家庭全都赞美了一番，让对方听得心花怒放。当然经过这次让人心旷神怡的谈话，丽莎的石榴裙下又多了一位拥护者。

没有人不喜欢听到赞美与鼓励，男人当然也不例外。**赞美和鼓励的话，可以让听者的身心都处于愉悦的状态**。特别是女性的赞美，会让男人有很强的成就感，浑身充满干劲。

有人说，男人心里住着两个灵魂，一个是现实中的自己，另一个则是理想中的自己。每个男人都会有想要成功的欲望，聪明的女人一定要想办法帮助他蜕变成理想中的自己，或是唤起男人心中那个沉睡已久的满怀理想抱负和雄心壮志的灵魂，而不甘于只当一个平平凡凡的普通人。

好男人都是被夸赞出来的。如果你真心爱惜自己的男人，一定不要吝啬对他的赞美和鼓励，让他在信心满满中崛起。这样的话，你们的未来才会更加美满幸福。

🌸 高情商女人法则

1. 一个男人无论在事业上获得多大的成就，最终还是像个孩子一样需要女人的关心。如果你爱惜自己的男人，就要多给他关心。

2. 现代社会，男人需要承担更多的压力。多理解和体谅男人的辛苦，他将会更爱你。

3. 好男人是被夸赞出来的，如果你爱惜自己的男人，一定不要吝啬于对他的赞美和鼓励，让他在信心中崛起，共创未来美好生活。

Emotional Quotient

聪明女人，懂得示弱

很多女人一味地想向男人证明，自己是多么优秀、多么值得被他爱。但到了最后不但没有赢得爱情，反而成为剩女。反之，再看看那些爱情甜蜜的女人，哪一个不是小鸟依人，惹人怜爱呢？

恋爱如此，婚姻亦如此。很多女性婚姻不幸，就把责任全都推到男人的头上，但却没有想过，老公之所以选择离开自己，是不是因为自己太过强势了？

张爱玲曾经说过："**善于低头的女人是厉害的，越是强悍的女人，示弱的威力越大。**"因为男人天生就有一种保护弱者的欲望，尤其是女人的微笑、娇羞和眼泪，绝对是能让男人怜惜的法宝。所以要想获得幸福的恋爱和美满的婚姻，一定要学会适当示弱，这样才能紧紧抓住男人的心。

让他掌握家庭财政，成为一家之主

佩佩天生丽质，家庭环境也十分优越，从小就娇生惯养。虽然在工作上小有成就，但是脾气却很急躁，而且性格也很强势。从她和未婚夫宗宪下面的一段对话，就可以轻易看出来。

佩佩："亲爱的，你说说看这个世界上为什么男生要比女生多呢？"

宗宪："是因为重男轻女吗？"

佩佩："当然不是啦，那是因为男生生下来注定就是要被女生挑的啦！"

从简单的对话，就可以看出佩佩是个女权主义者。她的收入相当不错，工作也十分稳定，但是宗宪只是一个小职员，生活中的必要花销几乎有一大半都是佩佩赚取的。佩佩俨然是一家之主，所以每次买东西时，佩佩总是想买什么就买什么，从来不会征求宗宪的意见。在家里，她就像一个高高在上的皇后，而宗宪只是一个服从命令的士兵。

虽然小两口马上就要结婚了，但是宗宪脸上却看不到准新郎官的喜悦，好像只是为了结婚而结婚，神情看起来有些忧郁。后来听说，他们的婚约取消了。宗宪因为忍受不了总是被压制的生活，所以和佩佩分手了。

　　佩佩为什么失去了原来属于她的婚姻呢？其原因就是她在生活中太过强势了，处处不肯相让。佩佩的故事告诉我们：女人在家庭生活中要学会示弱，弱不禁风的林黛玉要远比刁钻泼辣的王熙凤更让人喜爱，正是说明了这个道理。两个人生活在一起，不管谁的收入多，家里的收入都是属于两个人的。不管是购置家具的必要支出，还是投资理财的风险评估，都需要征询对方的意见，让对方有参与感。让男人成为一家之主，让他觉得自己是这个家的一分子，他才会更加爱你，更加爱惜这个家。

　　想要保证自己的婚姻幸福美满，就要懂得，大男人搭配小女人的家才会稳固。这里的大男人、小女人不一定就是指女人的收入比男人少，事业比男人差，而是女人一定要学会适时示弱，让男人的虚荣心和自信心得到某种程度的满足，这样的婚姻才会长久。

多多撒娇，让他多宠爱你一点

　　贞淑是一个家族的掌上明珠，年纪轻轻就已经接替了父亲的职位，成为了家族企业的大股东和董事长。贞淑处理事情干脆利落，一点儿都不拖泥带水，很有女强人的风范。有时，贞淑也会不自觉地把董事长的行事作风带回家里，夫妻两人的冲突也开始显现出来。

有一次，两个人大吵了一架，老公一气之下把门锁上了。贞淑敲了很久的门，老公才闷声问道："你是谁？"贞淑回答："我是董事长啊！"可是老公却没有替她开门。后来贞淑领悟过来，才甜甜地说道："亲爱的，我是你的亲亲老婆啊！请帮我开开门好吗？"老公这才消气，把门给打开了。

经过这件事后，贞淑尽量不再把董事长的架子还有习惯带回家里，而是展现自己作为一个妻子的温柔。有时候，她还把自己遇到的麻烦事情和老公分享，征询他的意见，就这样两个人的生活才又开始变得甜蜜起来。

女人适当地示弱，会让男人很有成就感。

女人示弱，并不等同于软弱，也不是要你在男人面前摇尾乞怜。相反的，是让男人有更多可以保护你、呵护你、怜惜你、宠爱你的机会。

如果你也是一个强势的女人，何不学学放下董事长架子的贞淑，对老公多撒撒娇，展现一点小女人的情怀。例如在早晨上班之前给他一个热情的拥抱，或是在下班之后马上钻进他的怀里，小小撒娇一下："又一天没见到你啦，今天工作还顺利吗？我真的很想你呢！"又或者和他交流一下你在工作中遇到的问题，让他替你分担工作的辛劳。

不管你在外面是不是一个女强人，只要在他面前，你就是一个小鸟依人的娇妻。在他看来，你并没有别人眼中那么坚强，你只是一个需要他细心呵护的小女孩。这样他就不会感觉到压力，还能促进彼此之间的情感交流。

女人对男人越温柔，男人就越喜欢听你的话。因为在他心目中，你永远是他需要保护和宠爱的小宝贝。

在冲突面前保持淡定

双双是个活泼外向的女孩，但有时候却得理不饶人。她的男朋友云飞除了身高有点矮之外，其他各方面的条件都还不错。双双以前总是抱怨云飞太淡定，每次吵架都吵不起来，但随着两人马上就要步入婚姻殿堂，云飞却变得和双双一样，开始不理性起来。两人时常各执己见，互不相让。

因此，双双的顾虑又开始多了起来，总觉得云飞这也不好，那也不好，饱受挑剔的云飞也不甘示弱地反唇相讥。就这样，两个人常常吵架，可是一吵完又会马上后悔。

例如，云飞说了一句："我的薪水比你的高。"双双听了之后就会马上还口："你就只会和女人比薪资，怎么不和其他同龄的男生比比看呀！我找老公当然是想找个比自己还要强的，要是我赚的钱和你差不多，还跟你结婚干吗？"这样的话说得多了，云飞就觉得双双太过盛气凌人，他有理也说不清。

后来他们俩又吵了一架，双双一气之下撂下一句狠话："我看我得重新考虑，我才不希望自己嫁个没前途的男人。"没想到云飞也不甘示弱："那么你就好好考虑，重新找个好人家吧！"于是，两个人陷入了冷战。

现在双双可是骑虎难下了。向云飞让步心有不甘；但是再找别人吧，已经投入了那么多的感情和时间，又很舍不得。不禁感叹即将步入婚姻殿堂的两人，怎么会走到这步田地？

双双之所以面临现在这样尴尬的局面，就是因为嘴巴太逞强了。因为她得理不饶人，导致男朋友云飞终于忍受不了，淡定哥也变成了冲动男。如果双双再不改掉如此好强的脾气，在往后的婚姻生活中必定也会吃亏。

面对男人，女人都要深刻地记住这一点：**示弱并不等于自己就是弱者，而是让你能够掌握看不见的控制权。**两个人在日常生活中吵架，可以说是再正常不过了，但是如果每次都是你志在必得，稳占上风，最后的结果就是，他会习惯性地不再说话。当两个人之间的共同语言越来越少，最后就会导致感情的破裂。

其实，在两个人争吵的时候，即使女人再有道理，也不妨暂且保持沉默。这种时候不用多说，只需一个温柔又略带湿润的无辜眼神，往往就可以让他重新投入你的怀抱。

❀ **高情商女人法则**

1. *不管谁是家庭收入的主要来源，在家庭财政支出上，女人都要多听听男人的意见。让他成为一家之主，有更多机会展现自己的男性雄风，适时满足男人的虚荣心和自信心。*

2. *对男人温柔一点，多撒娇，展现一点小女人的风情，男人自然会把你捧在手心当作宝。*

3. *发生争吵的时候，女人不妨暂且保持沉默。不要得理不饶人，而要用温柔无辜的眼神让男人弃械投降。*

Emotional Quotient

爱情也有保鲜期

俗话说七年之痒，当人们感叹爱情短暂的同时，也对爱情产生了疑虑。爱情的保质期真那么短暂吗，有没有延长新鲜度的方法？

让爱情错过保质期的原因有很多，例如，热情渐渐消失，双方价值观、生活方式的差异，以及各种外在力量的影响，等等，都有可能影响爱情的品质。当我们明白了这些，不妨记得更新保险，经常延长爱情的保质期。

把最美的一面留给他

同事莎莎是个很漂亮的女人，身边的追求者不计其数。当年莎莎答应老公求婚后，众多的追求者可是心碎一地。

再次遇到莎莎，是在一家百货公司里，如果不是她叫住我，我想我根本无法将她和我曾经认识的莎莎当作同一个人。当初的窈窕妩媚早已不见影踪，如今的莎莎身材臃肿，身上穿着菜市场大婶穿的衣服，脚上还穿着一双蓝白拖鞋。

"你现在很幸福啊！身宽体胖的。"我有点儿调侃地说。

没想到莎莎没有答话，眼眶有些泛红，让我不知所措。交谈中，我才知道原来莎莎最近正在闹离婚。我感到有些错愕，当年莎莎老公追求她时的辛苦，我们可都是有目共睹的，想不到结婚才几年，竟然会闹到要离婚的地步。

"结婚后，是他建议我辞掉工作在家里做家庭主妇的，现在却嫌弃我没有上进心。这哪儿是我的问题，是他先喜新厌旧，在外面养了年轻的小三，他想离婚，门儿都没有，我才不会便宜他呢！"莎莎絮絮叨叨地说道，眼神中充满了愤恨。

很多女人在男人变心之后，总是会提及男人当初对自己是如何好，现在却翻脸不认人，根本就是现代陈世美。但是女人们有没有反省过自己呢？在男人变心的同时，自己有没有任何改变呢？

在恋爱初期，女人几乎都漂亮得像一朵花。但是结婚之后，却渐渐地放松了自己，不知不觉中成为男人眼中没有气质的黄脸婆。为什么会变成这种局面呢？有些女人可能会认为，我们已经结婚了，为什么还要注意那么多，把自己搞得那么累？这种想法其实是大错特错。女人在结婚之后，更应该打扮自己，**把自己最美的一面留给老公，成为他永远的心上人。**

聪明如你，应该懂得美化自己，将最好的一面留给自己的男人，来延长你们的爱情保质期。

适当增加些新鲜感

绮丽结婚十年了，老公对她却还是像谈恋爱时一样依恋，总是担心绮丽被人给拐跑了。和朋友一起去唱歌的时候，老公还经常打电话来催她回家，好像一刻都离不开她。

朋友们都很好奇，都结婚那么久了，绮丽是怎么维护婚姻生活的呢？仔细观察，大家才发现绮丽尽管结婚十年了，岁月竟然没有在她脸上留下太多的痕迹。

结婚之后，绮丽并不是把家庭生活作为重心，而是一样热衷于工作。虽然工作收入并不高，但是绮丽正好可以妥善运用这些钱，替老公买一些小礼物，也可以认真地打扮自己。

每次过情人节的时候，绮丽总是会请公婆将孩子带走，在家中做上一顿美味的晚餐，并且插上蜡烛，搭配红酒，夫妻两个人一起庆祝。即使是男人也喜欢收到礼物时的惊喜，绮丽清晰地记得老公每次收到自己礼物时的惊喜表情。尽管结婚十年了，老公常说每次和绮丽在一起，总会有一种意想不到的新鲜感。

即使工作再忙，绮丽和老公每年都会抽出几天的时间，两个人一起来一次短途游，在二人世界里重温初恋时的悸动。平时买了漂亮的衣服，绮丽也会特意在老公面前展示一下。有时候还会买一些性感内衣，让他惊艳不已。

虽然有了家庭，绮丽也没有失去自己的交际圈。她的朋友不分男女，时不时就一起聚个会。她也会大方地将这些朋友介绍给老公认识。因为绮丽的潇洒大方，尽管她已经结婚了，仍不乏追求者。但她总会和这些人保持适当的距离，老公为此也会吃一点点小醋，总担心绮丽的高人气会招蜂引蝶，于是对绮丽更加体贴关爱，让两个人的感情稳固升温。

婚姻是一场漫长的旅程，时间终会让它渐渐走向平淡，爱情也会逐渐度过保质期。为了延长新鲜度，不妨多采取一些微小心机，适时增加新鲜感，让平平淡淡的日子有一些涟漪，也让男人对你的爱情更加持久。

做勇敢独立的女人

芸芸是个比较小女人的女生，毕业之后就和自己相恋三年的男朋友结婚了。结婚一年后，他们有了自己的孩子。现在孩子已经三岁，老公的工作也很稳定。芸芸很知足，她觉得幸福的日子，就是她现在生活的模样。

但是不久前的一通电话，却粉碎了她的这种幸福。有一天，小妹打电话对芸芸说："姐，我在街上看到姐夫和一个女孩子手牵手，感觉很亲密的样子。"芸芸笑笑，不相信小妹的话。老公这么疼爱她，怎么可能会做出背叛自己的事情呢？

但是接下来的日子，芸芸却发现了很多端倪。例如老公开始偷偷地在洗手间打电话，看短信时也是一副神秘兮兮的样子。芸芸感到很疑惑，以前老公可不会这样。

一天晚上，老公说要加班，晚上不回来吃饭了。于是，芸芸开车去了趟老公的公司，结果目睹老公亲密地搂着一个女孩子下楼，就像他们当初谈恋爱时的样子。芸芸很崩溃，想跑过去质问老公，又担心撕破脸之后，老公会和自己离婚。

她不能想象没有老公的生活。毕业三四年了，她没有进入职场工作过，没有一点工作经验。现在的职场竞争又那么激烈，许多刚毕业的大学生都找不到工作，更何况已经成为家庭主妇的她呢？如果没有这段婚姻，自己就什么都没有了。

身为女人，一旦失去独立性，只能依附一个男人的时候，悲剧往往也就开始了。老公也许是你生命中最亲密的人，但不要忘记，你们永远是两个独立的个体，他不可能是你永远攀附的浮木。你能攀附的就只有你自己，无论什么时候，都要保持独立。

作为一个女人，不要总是患得患失地依赖男人，也不要把自己所有的希望都寄托在男人身上。爱情是你生活中不可或缺的一部分，但不是你的全部，你要做的是不断地充实自己。心灵的充实可以弥补很多外在的不足，勇敢做独立的自己，你将会在获得爱情的同时，也收获事业和生活的果实。

🌸 高情商女人**法则**

1. 一个聪明又善于打理自己的女人，会把最好的一面留给自己的男人，来延长自己爱情的保质期。

2. 为了延长爱情保质期，不妨多采取一些微小心机，以增加新鲜感，让平平淡淡的日子多一些不一样的滋润。

3. 作为一个女人，不要总是患得患失地依赖男人，也不要把自己全部的希望都寄托在男人身上，要学会做勇敢独立的自己。

Emotional Quotient

入得了厅堂，收拾得了"烂桃花"

如果说事业是男人们的战场，那么女人的战场就是爱情。每个女人都希望拥有一份忠贞不渝的爱情，希望自己喜欢的男人能够完完全全属于自己，永不变心。但是男人身边免不了会有其他漂亮的女人出现，男人又是感官动物，禁不住诱惑，尽管他心里很爱你，但仍然免不了受到其他女人的诱惑。女人如果想捍卫自己的爱情，就要多多掌握一些心机手段，将你们之间所有的阻碍通通消灭。

做一个美丽自信的女人

小薇是一个漂亮又有古典气质的女大学生，言谈举止中总带着股优雅的气质。很多男生热烈地追求她，但她全都不屑一顾，因为她喜欢上了一个成熟稳重的有妇之夫。

6666666666

那个男人很疼爱她，对小薇的要求有求必应，但从来不向小薇承诺未来。小薇心高气傲，心想年轻就是本钱，既然一直得不到男人的承诺，就约见了他的妻子。小薇想以自己的年轻漂亮打败他的妻子，让她知难而退，主动让出位置。

两人约在一家茶馆见面。一见面，小薇才发现对方并非一个黄脸婆，相反，她竟是一个气质相当优雅的女人，还带着一股大家闺秀的韵味。小薇向她挑明了自己和她老公的关系，希望看到她大发雷霆的失控表情。出乎意料的是，那女人只是一脸从容地拿起茶壶，悠闲地往自己的茶杯里倒茶，在茶香中轻启朱唇，含笑带嗔地说："他那个人啊，一直都这样，总把自己当贾宝玉，走到哪里总有一堆女人围绕在身边。"

小薇目瞪口呆之余，气焰全消，顿时在她面前矮了一截，只好灰头土脸地告辞。在接下来的几次较量中，小薇被那女人成熟优雅的气质彻底打败。几个月后，她告别了这段恋情，离开了那个花心男人，并发誓再也不当第三者了。

时代不同了，女人要懂得捍卫自己爱情的领地。这种捍卫并不是指披头散发地在街上撒泼叫骂，而是不费一兵一卒就让情敌落荒而逃。我们并不知道，那个男人是否因为自己有一位漂亮的妻子而选择放弃小薇，但是小薇在他妻子的优雅气质之下感到自惭形秽，只能放弃。

俗话说：**三分长相，七分打扮**。美丽是女人毕生的事业，无论到了什么年龄，女人都要努力让自己保持美丽。当然，这种美丽不仅体现在外表，还有内在的充实和美丽。一个真正有魅力的女人，不应该像昙花一样，只绽放短暂的美丽。而应该像一本外表精美、内容丰富的书籍，即使历经时间的磨砺，依旧耐人寻味！

拥有自己的一番事业

我结识雅芳的时候，她刚离婚。因为老公有了婚外情，她被迫与老公离婚。走出婚姻的她，整个人气色极差，精神状态也不好。一说起前夫，雅芳的泪水就忍不住流了出来。我很理解她的处境，一个从大学毕业就结婚生子的全职家庭主妇，突然离开家庭，重新在社会上生活，其中的艰辛难以想象。大家都对她的遭遇唏嘘不已，但能帮上忙的不多。

两年后我又见到了雅芳，看到她现在的漂亮与自信，很难让人相信，她就是当初那个哭哭啼啼、手足无措的失婚女人。雅芳现在自己经营一家化妆品店，虽然店面规模不是很大，可是对于雅芳来说也足够了！她每天虽然忙碌，却可以从中得到快乐，因为这是属于她自己的事业；因为这份事业，她的生活重新充满了活力和目标。她看起来更加年轻了，举手投足之间充满了自信和朝气。我们都不知道这两年间到底发生了什么事，唯一可以确定的是，雅芳已经破茧重生了。

通过和她的交谈，我们才得知雅芳离婚之后，虽然也经历了一段时间的低潮，但是最终还是决定要努力站起来。她利用自己拿到的赡养费开了一家小化妆品店，把所有的心思都放在了事业上。虽然刚开始的时候并不稳定，但是慢慢渐入佳境，生意渐渐走上正轨，事业越做越顺利，终于转亏为盈。不仅如此，雅芳现在还争取到了孩子的抚养权。现在的她性格开朗多了，身边不乏优秀的追求者，据说她的前夫并没有和那个出轨对象结婚，现在还想和她破镜重圆。

"你会和前夫再婚吗？"我们好奇地问道。

"我并没有这样的打算，我现在最大的目标，就是认真经营自己的事业，好好地享受生活。"雅芳笑着说道，举手投足间的自信优雅，让人不禁为之着迷。

一个拥有自己事业的女人是充满魅力的，即使事业的规模不大，也能带给你幸福和快乐。和这样的女人在一起会不由自主让人快乐！或许她们并不漂亮，但是她们一定拥有内涵。她们独立、沉静，充满智慧，她们的生活就像花儿一般绚烂。

做他永远的情人

嘉欣是个长相普通的女人，却有个帅气又有钱的老公。

常有朋友对嘉欣说："你老公那么帅又有钱，一定有很多女孩子喜欢，你一定要看好他。"嘉欣只是笑笑，淡然地说："绑着他又有什么用？他是不会离开我的。"朋友佩服嘉欣自信的同时，内心却隐隐为她担忧。但是很多年过去了，嘉欣的老公并没有离开她，反而对她更加体贴。两个人逛街的时候总是手牵手，过马路的时候，老公总是让嘉欣走在安全的位置。她和朋友出门逛街的时候，总是叮嘱她路上要小心。那份细心和疼爱都让朋友们羡慕不已，纷纷向嘉欣请教驯夫术。

嘉欣说自己确实很爱老公，也为老公付出了很多。但是她的爱并不表现为只做老公的妻子，还做老公的情人。例如早上起床的时候，嘉欣会亲亲老公的脸颊，轻声地叫老公起床，出门时搂住他的腰，和他吻别。不想做饭的时候，会发信息给老公，然后两个人一起出去吃饭。晚上睡觉的时候，还会用自己的热情融化老公。老公对嘉欣说，只要和她在一起，时时刻刻都感觉自己像在热恋一般。

当女人成为妻子之后，往往因为柴米油盐，而忘了经营感情，渐渐地成了黄脸婆，给了别的女人乘虚而入的机会。为了守护你的爱情，不妨在做男人妻子的同时，也学做他的情人，让你们的爱情能够长长久久，保鲜如初。

❀ 高情商女人**法则**

1. 美丽是女人一生的事业，无论到了什么年龄，女人都要让自己保持美丽。只有这样，才能真正捍卫自己的爱情。

2. 女人应该有自己的事业，即便规模很小，也能让你幸福和快乐。拥有事业的女人是富有魅力的，能够长久留住男人的心。

3. 为了守护你的爱情，不妨在做男人妻子的同时，也做他的情人，让你们的爱情长久保鲜。

Emotional Quotient

唠叨是爱情和婚姻的魔咒

　　"唠叨"是男人形容女人时经常用到的词，但是大多数女人并不会承认自己唠叨。在她们的眼中，她们只是提醒男人应该做的事情，并认为这是在关心男人。但是对于男人来说，当女人一遍遍地重复说教和下达命令，会让他们的耐心一点点消失殆尽，渐渐变成了不耐烦和憎恶，并在憎恶中想要远离女人。女人的唠叨不仅一点意义也没有，还会一步步地腐蚀本应和谐的家庭关系，最后导致男女关系的分崩离析。因此，婚姻专家总是如此告诫女人：**远离唠叨，就等于远离爱情与婚姻的魔咒。**

直率表达出你的真实想法

　　玉瑾和老公结婚不到一个月就大吵了一架。

"他现在一点儿都不爱我了！结婚前他哪会像现在这样。我一直跟他说，我累了想上床睡觉，他却仍然坐在书桌前，兴致勃勃地玩游戏。"玉瑾伤心地抱怨道。

"那你累了，先上床睡觉就好了，有什么好抱怨的？"玉瑾的姐姐问道。

"我想他听到我累了，就会马上刷牙、洗脸，然后陪我睡觉。谁知道他理都不理我，一点儿都不在乎我的感受。"

"他是你肚子里的蛔虫吗？你想让他陪你睡觉，怎么不直接说？"玉瑾的姐姐斥责她道。

"我怎么知道她是想让我陪她一起睡？我想她困了就睡吧，我等一会儿再睡。谁知道她竟然抱怨我不爱她了，说结婚前怎样怎样，甚至连刚谈恋爱时我做的一些错事都被拿来翻旧账。最后她竟然还抱怨嫁给我后悔了，你说我能不生气吗？一气之下两个人就吵了起来。"玉瑾的老公在另外一个房间，委屈地跟玉瑾的姐姐解释道。

女人们总是希望自己只要一个眼神或者暗示，男人就可以明白自己的意思。殊不知男人是一种反应很迟钝的生物，他们不明白，明明可以直接说清楚的事情，女人为什么要绕那么多的弯让他们猜测。当女人为此而满心委屈的时候，男人总觉得有些莫名其妙。

　　而女人在男人没有按照自己的意思去做的时候，心里总会充满抱怨，以至于絮絮叨叨翻出许多旧账，这在男人看来就是唠叨的表现。为了避免唠叨，女人在和男人沟通的时候，一定要清楚明白地表达自己的想法。

　　当然女人在表达的时候，还是要遵循一定的技巧。例如玉瑾的老公正在玩游戏，玉瑾可以亲热地抱住老公说："老公，现在已经很晚了，我累了，你陪我睡觉吧！没有你我睡不着。"相信玉瑾的老公一定会万分乐意听从玉瑾的安排。

　　当然有时候，如果男人正在做自己着迷的事情，女人就要学会体谅。例如你的老公正在玩的电玩游戏，马上就要升级了，你可以等他升级之后，再让他陪你休息。学会清楚明白地表达自己的想法，**懂得理解和沟通，可以让你远离絮絮叨叨的中年妇女之路。**

如实说出你的感受

　　琳琳的老公又出去和朋友喝酒了。他的肝不好，医生已经告诫过他好几次，不准他再喝酒了。因此，看到一身酒气的老公从外面回来，琳琳心中一股怒气油然而生。

　　"你怎么不换拖鞋就进卧室了？我刚刚才拖过地，你马上就弄脏了。你什么时候拖过地？一天到晚也不知道在忙些什么，你看看楼上小雅的老公，钱赚得多不说，还经常帮她做饭、做家务。"一连串的抱怨从琳琳的口中吐出。

"那你怎么不嫁给他？"老公盛怒之下吼道，然后甩门去了书房，琳琳委屈地哭了起来。

"你是不是真的希望他平时多做些家务？"朋友问道。

"没有，他上班很累，我从没想过让他回家还要做家务。"

"那你是不是嫌他赚的钱少？"

"也没有，他虽然赚的不是很多，但已经够我们自己花了，更何况有钱的男人容易变坏。"

"那你是不是希望他变得像楼上小雅的老公？"

"怎么会？她老公虽然有些钱，但是又矮又胖，怎么比得上我又帅又有男人味的老公？"

"那你说那么多抱怨的话干什么？"

"我只是不希望他喝酒。"琳琳说出了自己真实的想法。

"那你怎么不直接跟他说，你不希望他再喝酒，因为你很担心他？"

"我……"

很多问题，也许你们两个都知道，但是最重要的还是要把自己的想法如实说出来，而不是拐弯抹角地抱怨。你的抱怨不仅起不到任何关心的作用，反而会让男人更加反感。一份婚姻调查问卷显示，女人最不喜欢没有责任心、爱出轨的男人，而男人则最无法忍受爱唠叨的女人。

琳琳在表达自己不希望老公喝酒的感受时，可以换个说法："老公，你的肝不好，医生已经说过好几次，要你别再喝酒了。你这样不爱惜自己的身体，让我很担心。这个家需要你的支撑，为了我们的家，不要再喝酒了好吗？"这样简简单单的几句话，既表达出自己的感受，还可以让老公感觉到你的关心，这时老公还会生气吗？

因此，如果你有什么想法和感受，一定要明确地说出来，而不要只是一味地抱怨。

拥有自己独立的生活空间

琳恩原本是一个精明能干的职场女性，与老公结婚后，为了方便照顾家庭，就辞职在家做了全职家庭主妇。

刚开始的时候，琳恩感觉很惬意，每天打扫住家，晚上为老公做一顿晚餐，生活乍看悠闲自在。但时间久了，每天不是打扫卫生，就是买菜做饭，一成不变的日子让琳恩感觉有些无聊。有时候食材都已经准备齐全了，老公却打电话回来说有同事聚会，不回家吃饭了。琳恩一个人面对静悄悄的房间，感觉自己的青春仿佛随着寂寥的空间渐渐流逝。

有一天，已经晚上十一点了，老公还没有回来。琳恩一遍遍地拨打电话，除了担心老公外，她感觉自己无从打发寂寞的时间。随着一遍遍地转接语音信箱，琳恩的火气正在一点点地聚集，终于在老公醉醺醺地回来之时，全部爆发。

"你怎么喝那么多酒？为什么不接我电话？我不是说过，过了十点以后还不回家要跟我打招呼吗？"琳恩一连串带着火药味的质问脱口而出。

"我手机没电了。"老公无奈地说道。

"手机没电了，你不会跟别人借个电话吗？你以前就是这样散漫……"琳恩大声地抱怨道。

"你现在怎么变成这个样子了？这么爱唠叨……"老公突然不解地看着琳恩。

看到老公疑惑又失望的眼神，琳恩瞬间回过神来，猛然意识到刚才唠唠叨叨抱怨的女人，竟然是她自己。

意识到自己没有生活重心的琳恩，决定重新安排自己的生活。她在社区的妈妈教室报了插花、茶艺课，在学习的时候结识了很多新朋友，生活渐渐充实、丰富起来。闲暇之余，琳恩还开始经营网上拍卖，在网上卖一些小饰品。生意虽然不温不火，但是生活却变得更充实。她很少再对老公有什么抱怨，倒是老公一直担心自己的老婆越来越优雅漂亮，害怕被人拐跑，对琳恩更加依恋了。

女人无论到哪个年纪，一定要有自己的独立生活空间。如果还能拥有自己的事业当然更好。职场的自信让女人更能展现自己的美丽与价值，让自己生活充盈的同时，还能持续吸引男人的目光和关爱。

❀ 高情商女人法则

1. 为了避免唠叨，女人在要求男人的时候，一定要清楚明白地表达出自己真正的想法，学会理解和沟通。

2. 很多问题，也许你们两个都知道，但还是需要你把想法说出来，而不是顾左右而言他地抱怨。你的抱怨不但起不了关心的作用，反而会让男人更加反感。

3. 女人无论到了什么年纪，都一定要有属于自己的独立生活空间。如果还能拥有自己的事业那更好。职场的自信让女人更能展现自己的美丽。

Emotional Quotient

成功的男人们，都是女人塑造出来的

　　每个女人都希望自己能有帮夫运，也希望自己能够拥有一个事业成功、值得依赖终身的老公。男人其实也一样，一个贤惠而又能够帮夫的老婆，是男人一生中最大的财富。每个男人都希望，自己的老婆是个有帮夫运的女人。

　　成功的男人背后，总有一个默默支持与帮助他的女人。成功的好男人，都是由女人塑造出来的。女人的帮夫运不是由命相决定，而是一种综合素质的展现。为了做一个能够帮助老公的女人，必须学会以下几点。

做一个心胸宽广的女人

　　兰英是个有大气度的女人，拥有一个幸福的家庭。老公生意做得有声有色，已经上小学的儿子也乖巧可爱。尽管老公事业很忙碌，但仍然对兰英体贴有加，让很多朋友心生羡慕。

"兰英，我昨天在咖啡馆看到你老公和一个很漂亮的女人在一起。"有朋友神秘兮兮地告诉兰英。

"他那是在和客户谈生意，没什么好担心的。"兰英无所谓地说道。

"他身边那么多年轻漂亮的小美眉，你难道都不担心？这年头很多年轻女孩，一看到有钱的男人，恨不得马上就倒贴过去。"朋友疑惑地问道。

"有美女看上我老公，说明我老公有魅力，也说明我的眼光好。我们在一起那么多年，我相信他能够处理好男女关系。"兰英自信地说道。

对于兰英的这份信任，兰英的老公满是感动。他说自己是个性格外向，喜欢在外面结交朋友的人。有时出去应酬，忘了跟兰英打招呼，回到家后她也不会像别的女人一样闹，最多只是温柔地叮嘱一声，下次请提前告知。这让兰英的老公感到很惭愧，觉得自己如果做了什么错事，那就太对不起兰英的信任了。因此他在和其他女人交往时，总是保持适当距离。他还提到自己的一个朋友，与女客户应酬，被老婆看到之后，觉得他是在搞不正当的男女关系。大吵大闹不但影响了他的生意，后来还导致其他女客户也不敢再和他做生意，男客户看到他更是一脸嘲笑的表情，没过多久公司就倒闭了。

做一个心胸开阔的女人，不仅可以支持你的男人，还可以获得他的信任和依赖。好男人不是管出来的，如果他是一个值得你信任的人，不妨敞开胸怀，给他最强有力的支持和信任，你们的感情将会更加稳固。

做一个善解人意的女人

志森是位事业很成功的男士，才三十出头，就已经是一家上市公司的高层主管。身边的美女不计其数，但是他却选择了一位相貌平凡的女子作为自己的老婆，让很多人跌破眼镜。

志森结婚后，朋友到他家里拜访，发现客厅简朴典雅，窗明几净。志森闲适地坐在沙发上，他的老婆则在一旁静静地沏茶，淡淡茶香不时飘来。朋友一边和志森聊天，一边品尝着志森老婆泡的茗茶，那种静谧舒适让人在怡然自得中，忘却了很多烦恼。

看到朋友的疑惑，志森悄悄告诉朋友，他以前也是外貌协会，认为自己一定要找个优雅得体，上得了厅堂下得了厨房的女人做老婆。但随着阅历的增加，他才发现，这种女人也许真的有，但不是每个人都能遇见。而现在自己需要的很简单，不过是工作累了，回家后能坐下来和自己聊聊天，听听自己倾诉烦恼的小女人。她虽然不是国色天香，但既不矫揉造作又不会难缠，让他在放松舒适的同时，忘却很多工作上的烦恼。志森的老婆，正是他所需要的女人。

　　相比于漂亮的外表，女人的善解人意更为重要，这样的女人会让男人的生活减少很多压力。男人到了成熟的年纪，会对这样的女人更加依恋和喜爱。这也是为什么很多男人在二十岁的时候，会选择追求漂亮的女人；但到了三十岁该结婚的时候，却会选择那种顾家的女人作为自己的老婆。

　　女人都想找一个像大山一样可以依靠的男人，要打动这种男人的心，首先要学会的就是善解人意。当今社会生活工作压力大，男人也难免会有疲惫失意的时候，此时他最需要的就是一个善解人意的女人，能够听听他心里的烦恼，给他一些安慰和关心，帮他分担一些压力。如果女人在这个时候，能够帮助自己的男人消除身心的压力和烦恼，他一定会在事业上重振雄风，而你们的感情也会更加稳固和甜蜜。

做一个相依相伴的女人

　　心蕊老公的公司上市了，朋友们都来道贺。

　　"你怎么那么有福气，嫁了个这么有潜力的老公，现在简直衣食无缺了。"朋友有些嫉妒地对心蕊说道。

　　"是我有福气，当初她嫁给我时，我们可是吃了上顿没下顿。如果不是我老婆的相依相伴，我现在还是个默默无闻的普通上班族。"心蕊的老公接过话，然后怜爱地看了心蕊一眼。

　　心蕊老公的创业过程并不是一帆风顺，当初他开始创业的时候，可以说是赌上了全部的家当，结果公司运营不顺，几乎面临倒闭。当时家里很多人都希望心蕊的老公赶快撤出资金，以免赔得更多。在老公痛苦犹豫时，心蕊毅然决然地拿出自己的嫁妆，支持老公的事业，另外还去娘家帮老公筹钱。在最困难的时候，两个人常常靠着泡面维持生活。

　　尽管生活困难，但是在家里娇生惯养的心蕊并没有任何怨言。每当老公下班回到家，都会看到心蕊温柔的笑容和她亲手做的饭菜。老公说，正是心蕊给予自己的力量，才让他最终坚持下去。

　　除非依靠祖宗基业，否则没有人生下来就是富人。很多成功的男人都是从最基层做起的，在创业的路上也一定会有很多艰难险阻，没有人会一帆风顺。有"帮夫运"的女人，能够忍受老公创业初期的艰难生活，顶住各方排山倒海而来的压力，帮失败的老公重拾信心。这个时候的女人，要放弃在娘家时的撒娇散漫，尽量联系、动用各种关系，帮助自己的老公。始终坚信自己的选择，总有一天会柳暗花明，成为一个真正幸福的女人。

历经风雨，你们成为相依相伴的一对，钱财对于你们已经是身外之物。稳固你们的感情，免受外界干扰，也成了你们生活中的一个课题。温柔地对待你爱的那个男人，让他知道，你们的家才是他最温暖的港湾，那么即使他飞得再高再远，风筝另一端的线仍会牢牢地掌握在你的手中。

⚙ 高情商女人法则

1. 做一个心胸开阔的女人，在支持你的男人的同时，也获得他的信任和依赖。

2. 相比于漂亮的外表，女人的善解人意更为重要，体贴的女人会减轻男人生活的压力。男人到了成熟的年纪，会对善解人意的女人更为依恋和喜爱。

3. 有"帮夫运"的女人，可以忍受老公创业初期的艰难生活，顶住各方的压力，让失败的老公重拾信心，做到相依相伴、不离不弃。

Emotional Quotient

Part ⑤

在职场游刃有余，才是给自己的最好礼物

善用女性优势，方能无往不利

女性在求职的时候遭遇性别歧视，已经不是一个新鲜的话题。用人单位之所以不愿意聘用女性员工，源于女性扮演的社会角色。通常，女性的第一角色并不是一名职员，而是一个妻子和母亲。结婚和生孩子要花费女性很多的时间，因此很多用人单位并不愿意在这上面做过多的投资。尽管被冠以歧视女性的帽子，有些公司还是会拒绝女性员工。因此为了在职场上无往不利，女性们一定要想办法发挥自身的优势，才能更接近成功。

处事细腻且周全

曼曼是一家礼品店的员工。虽然只是一个小小门市的职员，但是她工作总是很细心。每当有顾客上门，她总会亲切地询问顾客打算买什么礼品，送给什么人。提供完自己的意见后，就会让顾客自己挑选。

同事都说曼曼太认真，现在的顾客都很自我，喜欢自己挑选礼品，不喜欢被人打扰。向客人介绍太多，难免会有推销的嫌疑。而且店里也没有业绩规定，必须向顾客推荐礼品。

曼曼听了只是笑笑，并坚持自己的做法。对于一些为自己挑选商品的顾客，她会帮忙将上面的商标吊牌剪掉。而对于一些要送给朋友的礼品，她则会建议将商标吊牌留在上面，并且搭配精美的包装。

因为曼曼的这份细心，她的忠实顾客越来越多。现在曼曼已经成为这家店的店长，曼曼相信凭着自己的努力与热忱，总有一天会拥有属于自己的店面，自己当老板。

细心和善解人意，是女性独有的特性，所以很多服务行业都对女性较为青睐。很多女性拥有很强的直觉和较高的敏感度，这种优势能够让女性更准确地抓住商机。另外，敏感和细心的特性，会让女性在人际交往中对事情考虑得更为周全，会耐心倾听别人的意见，总能妥善地安慰别人的负面情绪。由于这种特性，女性更容易与客户建立良好的沟通模式，从而赢得客户的好感。

同样处理一件事情，男性倾向于关注长远的计划，而女性则更善于关注眼前的困境，以全面性的思考来解决问题。
以上这些都是女性区别于男性的优势。调查研究显示，**细腻
周全的女性在处理人际关系时，更容易做到游刃有余。**

需要注意的是，细腻敏感虽然必要，却不能太过。过于
细腻敏感，容易使人高度紧张，严重者还会引发心理焦虑或
者抑郁寡欢。在职场上，有时候若把事情想得过分复杂，只
会成为女性职场发展中的绊脚石。女性如果能够发挥自己既
细腻又周全的性格优势，就可以笑傲职场。

善用温柔的力量

淑惠是公司里的小主管，既漂亮又能干，很受下面员工
的欢迎。这次的职位晋升，公司实行公开竞选，淑惠几乎全
票通过，获得公司高层主管的职位。尽管支持度高，这样的
结果还是让很多人感到诧异。

其实，公司里既漂亮又能干的女性也不少，例如同部门
的荣华，就是淑惠强有力的竞争对手。荣华长得不仅漂亮，
工作上的积极认真也是有目共睹的。同样的条件，淑惠是怎
样做到几乎完胜的呢？这要归功于淑惠平时的管理艺术，那
就是善于利用温柔的力量。

　　女性温柔的特质，很多时候会让下属更容易服从管理，能更妥善地处理好人际关系。试想，谁愿意跟一个整天臭脸、总爱训斥手下员工的主管工作呢？刚从大学毕业的宗林，就是淑惠这次竞选强有力的拥护者。他直说淑惠平时说话很温柔，没有一丝命令的语气，让人感觉很舒服，所以毫不犹豫义不容辞地投了淑惠的票。

　　女性天生有一种温柔的力量，在职场中，这样的优势使她们更能站在其他人的立场和角度看待问题，而不是利用强势的力量，把自己的意愿或想法强加在别人身上。

　　这里讲的温柔，并不是指小鸟依人或者撒娇发嗲。温柔需要区分场合、地点和不同的对象，才能让人欣然接受。这里的温柔是指耐心亲和、善解人意、理解沟通以及宽容尊重。这些特质能在职场中化为信任和尊重，从而提升女性的魅力。

　　女性在职场中，要培养自己耐心体贴的性格魅力，注意自己的修养，切忌大声呵斥或者刁钻蛮横。温柔的女性，在职场互动中，更能够无声无息、巧妙地渗入到对方的心灵中，散发芬芳，不仅让人喜爱、愿意接近你，还能提升你的人格魅力，促使你在工作中，达到事半功倍的效果。

　　因此女性在职场中，不妨多发挥温柔的优势，不仅能赢得别人的好感和信赖，还可能对事业产生意想不到的作用。

发挥韧性的优势

云佩大学学的是机械工程，这个专业对于女性来说，是个很冷门的领域。很多机械类相关工作，必须到第一线去，因此很多公司大都倾向选择男性职员。即使有些女性从事相关工作，也几乎都是分配到行政职位，很少有晋升的空间。

云佩大学毕业后，很多人建议她转行选择其他工作，她都一一拒绝了。她其实很喜欢自己的专业，而且已经学了那么久，如果转行，就意味着以前学的东西全都荒废了。

最后，云佩还是进入了一家机械工厂工作，当然一开始只是获得了行政人员的职务。行政工作的琐碎以及无趣，让她一度想要放弃。但到了最后，她还是下定决心要在机械领域继续待下去。毕竟这是她的专业，虽然她做了很多与专业无关的行政事务。

云佩在这个工作环境中足足坚持了五年。五年当中，很多当初一起进入公司的同事，已经辗转换了很多的工作，只有她坚守岗位。最后，她终于有机会从事专业的研发工作。

现在的云佩已经是工厂里的主管，浑身散发着成熟女性的干练魅力。她说："相较于男性，我们女性在精力、体力或者爆发力上都不如他们。再说，这个行业的男性本身就占有很大的优势。身为处于劣势的女性，很多条件都不能和男性比，要想在这里熬出头，我能和他们比的就只有韧性和耐力了。"

　　根据研究，女性天生比男性具备更强的韧性和忍耐性。当然，所谓的忍耐和坚持，也并不是盲目地等待。首先，你要清楚自己的目标和方向，并且要为未来的发展做合理的规划。有时候，你也可以将你的想法跟自己的上司积极沟通，让上司知道你的努力以及上进心。只有这样，才能缩短你等待成功的时间，等到有一天千里马遇见伯乐，你就可以实现你的事业梦想了。

❀ **高情商女人法则**

1. 细腻周全是女性相较于男性最大的优势。女性不妨发挥这种优势，让自己在职场中更游刃有余。

2. 有时候温柔也是一种很强大的力量，女性不妨在职场中适当地利用温柔的优势，与同事更加和谐地相处。

3. 女性天生有一种男人无法企及的韧性，在职场中学习耐心等待和增强忍耐力，也是一种成功的战术。

Emotional Quotient

不做召之即来的"便利贴女孩"

所谓"便利贴女孩",是指在职场上总是被人呼之即来,挥之即去的女性。这些女性通常是公司的新人,为了积极配合别人的工作,对他人的要求永远无法拒绝。她们做了很多事情,可以说是公司中的"烂好人"。但是一旦出了问题,却往往也是最先被踢出局的那一个,可以说是徒劳无功。若想在激烈的职场中脱颖而出,就必须撕掉身上的便利贴标签,想办法成为办公室中不可或缺的一员。

找好自身定位,不盲目顺从

怡静是公司中的"全能王",一大早上班,就可以听到同事呼叫她的声音。

"怡静,帮我把这张报表的资料整理一下。"

"好。"

"怡静，你帮我做一下这个 PPT。"

"好。"

"怡静，我的电脑坏了，你来帮我看一下。"

"来了。"

"怡静，今天晚上在 × × 夜店聚会，你也一起过来吧？"

"好。"

一直到深夜，怡静才拖着疲惫的身躯钻进自己温暖的被窝，觉得既疲倦又委屈。

半年后公司裁员，怡静的名字竟然在首批名单中。她为此感到疑惑不解，自己工作那么努力，对同事们有求必应，怎么竟然会被解雇了呢？

像怡静这种女孩，就是典型的"便利贴女孩"，她们习惯性地帮助同事做些本来不属于自己的工作。也许她想通过帮助别人，和同事建立良好的关系。但是这种过于讨好别人而建立起来的关系是极不稳固的，也是一种不健康的人际关系。

如果想要撕掉身上的便利贴，首先要弄清楚自己无法拒绝别人的原因。除了性格上缺乏主见外，还需要有一个清晰的职业生涯规划。一旦有了自己的职业生涯规划，你就有了明确的奋斗目标，因此在工作的时候，就能够分清工作的轻重缓急，也就不容易被外界环境或者琐事干扰。

当然找到自己的定位，也不是说只要做好自己的工作就好。对于一些初入职场的女性来说，因为资历较浅，工作技巧不熟练，所以更需要向一些经验丰富的人学习。这时候反而可以适当地成为便利贴，帮助你的前辈分担一些工作，以便更熟悉你的职务和工作流程。

而当你必须独当一面，处理一些工作的时候，要学会委婉地拒绝那些可能会影响到自己工作的要求，要避免因为不懂拒绝，就什么工作都接下来。这样不仅会消耗掉你大量的精力和时间，还会影响你本身的工作，这可以说是犯了职场中的大忌。

不做"便利贴女孩"，就需要在工作时分清事情的轻重缓急以及职务与权责范围，判断哪些工作要先做，哪些工作后做，或者根本可以不做。只有在工作中不断地提升自己，才能让自己成为公司不可或缺的人才。

撕掉便利贴标签

小优是个刚进公司的新人，为人处世一直都很谨慎。为了和同事建立良好关系，每当值班的同事有事，她总会很讲义气地挺身而出，帮忙值班。因此她原本有很多的假日，都在代替同事值班中度过了。时间久了，同事们都理所当然地要求道："小优，这周我有事，你帮我值班吧！"说得脸不红，气不喘，<u>丝毫没有半分愧疚</u>。

早上上班时间，小优总是第一个到公司，把公司的阳台打扫一遍。有些同事因为早上晚起没有吃早餐，小优还时常把自己的早餐分给他们吃。

随着小优工作技巧的熟练，被指派的工作也渐渐多了起来。又到了周末值班的时间，有同事又说有事，请小优代替值班。"我这礼拜有点累，明天恐怕不能替你值班了。"小优确实感觉很疲劳，于是就拒绝了。

同事马上脸色大变，开始对她冷言冷语，让小优有些委屈。接下来的日子，小优因为较晚起床，很少再打扫阳台，所以阳台看起来有些脏。

"小优，阳台那么脏，你怎么不打扫一下？"同事不满地说道。小优有些无语，那原本是清洁阿姨的工作啊！但是为了避免得罪同事，只好把阳台打扫了一遍。小优不明白，自己为了建立良好的同事关系，帮同事的这些举措，怎么到头来反倒让她得罪了更多的人？

小优的困扰，就是不懂得拒绝别人不合理的要求造成的。

在别人对你提出不合理要求的时候，首先要认真倾听，让别人觉得你尊重他，然后再说出合理的拒绝理由。并且态度一定要坚决，避免犹豫不决或者闪烁其词。有些事情并非要你亲力亲为，你也可以给别人提供一些建议或者其他解决方案，或者请同事们分工合作，共同完成。

另外，当你被别人当作便利贴使用的时候，在不甘心的同时，也该想想你在工作中，是否有哪些事情是你本应拒绝却没有拒绝的。思考一下平时的习惯，并在下次委婉地表达拒绝之意，逐渐撕掉自己身上的便利贴标签。

提升自己的成熟度和竞争力

玉景进入公司已经一年了，刚开始的时候，也经常被公司的老员工呼来唤去。

作为新人，玉景刚开始的时候并没有拒绝做"便利贴女孩"。玉景很清楚自己的状况，她的学历并不高，能进入这家公司已经算很幸运了，所以她很珍惜这个工作机会。她知道，自己刚刚进公司，即使不愿意做便利贴，也不能直接拒绝那些老员工，让他们没面子，否则自己很难待下去。

玉景利用做"便利贴女孩"的机会，虚心请教老员工，观察他们的心思，复制他们的成功经验。通过老员工的亲自指导，玉景很快便熟悉了公司里的业务和工作流程。

当玉景熟悉了工作内容之后，分配给她的任务也渐渐多了起来。每当再有其他同事需要她随叫随到的时候，玉景便开始委婉地拒绝："不好意思，老板吩咐我马上完成这项工作，不然我可就得挨骂了，等我不忙的时候再帮你好吗？"如此一来时间久了，玉景渐渐地撕掉了"便利贴女孩"的标签，成为公司的干部，年底的时候还被评选为优秀员工，更获得了加薪的机会。

职场就像一座罗马竞技场。在激烈的竞争中，你不进则退。没有一个老板会一直雇用一个没有进步、永远停滞不前的员工。作为新人，你刚开始的时候可以做便利贴，是因为你没有经验，必须从别人那里获取职场知识。在做便利贴的同时，你也要规划自己未来的工作，确立自己的目标，不能单纯地为工作而工作。

你必须了解，有哪些技能是需要持续学习且不断提升的，然后有目标地去学习。**在职场中，如果想立于不败之地，就要拥有你独特的价值以及核心竞争力，成为公司不可或缺的中流砥柱。**唯有如此，你才会被老板注意，增加你升职或者加薪的机会，由"便利贴女孩"优雅地转型为精明干练的女强人。

除此之外，你还需要在心态上不断地调整，学会独立自主地解决问题。在提高竞争力的同时，更要不断地精益求精，让自己变得更加成熟富有魅力。

🌸 高情商女人**法则**

1. 避免盲从，分清工作的轻重缓急。寻找自己的人生定位，在工作中不断地提升自己。

2. 对于不属于自己的工作，或者可能影响自己工作的无理要求，要学会拒绝。拒绝的时候要讲究技巧，避免犹豫畏缩，这样才能不得罪其他人。

3. 确立自己的人生定位，笃定自己的工作目标，不断使自己趋于完善，提高自己的成熟度和竞争力。这样才能真正撕掉便利贴的标签。

Emotional Quotient

懂得分享，是一种生活态度

俗话说：欲取必先予。给予别人或许意味着你将会失去某样东西，但是有失才有得；在你大方给予以及分享的同时，你也会获得很多回报。

多和同事分享你的一切，会拉近你和同事之间的距离。在与同事打成一片，和睦相处中，你会逐渐俘获人心，赢得好人缘。在和大家相处的过程中，你还可以取长补短，改善自己的不足之处。在不断提升自己的同时，也可以让你在竞争激烈的职场中，更加游刃有余。

为新同事提供实质帮助

公司里最近来了一批新员工，因为对手上的工作还不熟悉，需要老员工的指点。因为公司没有专门的培训人员，所以指导新员工这种工作就落在了老员工身上。但对于老员工来说，这可是件吃力不讨好的事。影响到自己的工作进度不说，老板也不知道自己花了多少精力。

时间久了，很多老员工开始表现出不耐烦。每当有新员工想要请教时，就摆出不理不睬的态度，弄得场面十分尴尬。

相较之下，慧玲对于新员工的请教却很有耐心，总是细心地帮他们答疑解惑。遇到内向的新员工，她还会主动询问："怎么样，有没有什么疑问？刚开始的时候都会不熟练，渐渐地就会熟悉了，别担心。"

公司里有餐饮部，很多新员工不熟悉餐饮部的位置。中午吃饭的时间，慧玲会邀请新员工和他们一起到餐饮部用餐，并向他们介绍餐饮部的领餐方式。因此很多新员工都对慧玲的印象很好，上下班的时候总是喜欢和她打招呼。

年底优秀员工的评选活动中，资历较浅的慧玲，竟然以最高票数当选。在这些得票中，新员工占了很大一部分。

很多时候，在你给予别人帮助的时候，总会觉得自己吃亏，比如说时间变得不够用。但通常在你吃亏的同时，其实也会获得回报，回报的力量有时会大到超出你的想象。

每个公司都会招募新员工，因为是新的工作环境，特别需要别人指点。你的主动帮助对于新员工来说，就好像久旱

逢甘霖般弥足珍贵。在你不吝惜伸出援助之手的同时，也常常会接收到他们的感激之情。因为心怀感激，他们也会在往后的工作中配合或者帮助你，对你的工作提供意想不到的帮助。再说，这些新员工以后很有可能成为和你平起平坐的同事，你的主动帮助，会在这个时候为你赢得好人缘。

切记不要不把新同事放在眼里。若是对于他们的一些请教，不耐烦地呵斥或者嘲弄，在工作中对他们的意见置之不理，不仅会伤害新员工的积极性，还会让他们对你产生厌恶。这样一来，最终可能影响到你们今后的合作，对你的人缘以及日后的升职也会产生不利的影响。

学会关心身边的同事

利菲是一家化妆品公司的销售员。有一天她去洗手间的时候看到同事薇薇的眼眶泛红，好像正在伤心掉泪。

"怎么了，不舒服吗？要不要我替你请假？"利菲关心道。

"没什么，我和男朋友分手了。"薇薇哽咽着说。

"别伤心了，你这么漂亮温柔，他不珍惜你是他的损失，你一定会找到更好的。"利菲安慰薇薇，并给了她纸巾擦泪。

难过的薇薇觉得利菲人很好，不是会乱说话的人，所以就将自己与男朋友分手的来龙去脉都告诉了她。利菲看到薇薇这样信任自己，十分感动，于是也将自己生活中的烦恼向薇薇倾诉，两人的关系越来越亲密。

薇薇因为在化妆品这个行业的资历较老，拥有很多的客户和资源，所以在与利菲成为闺中密友后，也跟利菲分享了一些销售的秘诀，并且将一些潜在的客户群介绍给她，让利菲的销售业绩一下子上升了很多。利菲万万没有想到，自己对同事的一点小小关心，竟然让自己收获如此多的回报。

现代职场中的压力很大，很多人都希望能够得到别人的关心和理解。**你的一个小小关怀，可能就会获得同事深深的好感，让他们对你心生感激，将你视为可以信赖之人。**特别是女性因为生理原因，有时无法做一些粗重的工作，这时候就需要平时和你保持良好关系的男同事帮忙。平时多给他们一些关心和帮助，例如整理办公桌的时候，也稍微帮助旁边男同事整理一下。如果他们没吃早餐，不妨将自己的早餐拿出来与他们分享。这些小小的举动会让同事对你有好感，愿意为你提供帮助。

只是必须稍加留意，关心异性也要掌握限度。你在关心男同事的时候，要保持一定的距离，以避免引起一些不必要的误会，给你的工作和感情带来不必要的麻烦。

着眼未来，做个大气的女人

韵茹是个懂得职场分享的女性。

有一次，她做了一个很完美的企划案，上司提出给予她奖励。她当着上司的面，说这个企划案是她和助理真真一起完成的，并不是她一个人的功劳。如此一来，上司在表扬真真的同时，也从内心赞叹韵茹是一个心胸开阔、愿意与人分享的女性。真真则因为韵茹在上司面前替自己美言，也对韵茹十分感激，更加愿意和韵茹一起共事，在工作上尽力地配合韵茹。有一次办公室分发水果时，发现橘子不够，韵茹马上将自己那箱橘子分一半给没有拿到的同事，让大家都对她更添好感。

平时，韵茹还喜欢带一些小零食和大家分享，作为午饭后的下午茶点心。早上买早餐的时候，韵茹也会多带一份，送给那些没有吃早餐的同事。同事聚会时，遇到一些忘记带钱或者钱没带够的同事，她也总是积极帮忙买单，韵茹在同事中的人气也因此扶摇直上。

虽然表面看起来韵茹好像很吃亏，但是她却赢得了极佳的人缘。上司认为韵茹和同事关系很好，团结一致，能够担当大任，也不断地为她升职加薪。

　　职场是一个充满个人利益的场所，有一些同事因为过于计较自己的小小利益，斤斤计较，而与同事的关系闹得很僵。虽然他们得到了一些小利益，却失去了同事们的尊重，变得孤立无援，真的是得不偿失。

　　在利益纷争的职场环境中，女人不妨大气一点，放宽胸襟，适当地放弃一些小利益。唯有懂得适当地付出，才能够赢得好人缘。很多人或许会担心付出之后没有回报，这其实是一种很狭隘的想法。虽然有的时候没有得到回报，但也有很多人懂得知恩图报，你的付出迟早会有收获。

🌸 **高情商女人法则**

1. 面对一些新同事的请教，要积极地给予指点和帮助。热心分享你的工作经验，避免不耐烦或者倚老卖老。

2. 从细微之处关心同事，若是同事遇到困难，要尽力地给予帮助，赢得好人缘。

3. 学会做一个大气的女人。适当地放弃一些小利益，在你失去小利的同时，你将会获得意想不到的回报。

Emotional Quotient

让你的上司有面子

上司是工作团队的核心人物，也是团队形象的代表。上司的言行和决策，对于整个团队都会有一定的影响。上司的形象，也代表了团队中每个人的形象。上司与团队是互为一体的，因此懂得维护和尊重上司，是每个人都应该学习的技能。即使作为上司，也都有被人重视的心理需要。如果你能很好地尊重和维护他的形象，他也会相应地尊重你，为你争取你应得的利益。因此在工作当中，一定要懂得经营好与上司的关系。与上司上下一心，**把工作做好最重要。**

懂得尊重和维护上司

雅惠是公司里的老员工，工作能力很强。最近公司新来了位上司，不仅对工作不甚熟悉，还总是喜欢坚持自己的意见，最近给一家老客户做企划案也是如此，让雅惠心里非常生气。

"雅惠，你这个企划案，我觉得很多方面都需要调整。"上司指着雅惠的企划案说道。

"我认为还可以啊！这家公司是老客户，他们的要求就是这样的。"雅惠有些不以为然，对上司的指示不屑一顾。

"我觉得还是需要改一下，你再看看吧！"上司继续说道。

雅惠当时没有反驳，但还是把自己原来做的企划案，丝毫未改地发给了客户。客户感到很满意，也没有提出什么意见，还打电话给上司，对她提出表扬。雅惠因此有些得意扬扬。

接下来的日子，雅惠却发现自己的订单越来越少，而且还都是一些小客户。年底发放奖金时，雅惠竟然也不在名单之列。

雅惠的做法，其实就是犯了职场中不尊重上司的大忌，以至于得罪上司，因小失大。

在与上司相处的过程中，也常常会碰到类似的状况。有时候上司会对你的工作有所指示，但是你却觉得他的方法不太恰当。如果遇到这种情况，切不可故作清高地坚持己见。

在和上司沟通时，你可以委婉地表达自己的意见，千万不要觉得自己能力强，就对上司的意见不屑一顾，而要让上司感觉到你很尊重他的意见。切忌对上司的意见嗤之以鼻，一味地按照自己的想法做事。这样会让上司觉得，你没有把他放在眼里，对他缺乏应有的尊重，你接下来的日子可就不好过了。

另外，身为一名敬业的员工，你的任务就是做好上司分派给你的工作，不要反过头来向上司诉苦或者发牢骚。要知道，上司日理万机，你过多的牢骚，会让他感觉你不尊重他的安排，不能好好地配合工作进度，对你留下不好的印象。这样一来，在你遇到困难的时候，他就不会尽心尽力地维护你的权益。

因此，在工作中，要学会和上司抱持同样的工作目标，好好地配合上司的要求，尽心尽力地把工作做好，才能创造双赢局面。

学会发现和欣赏上司的优点

宜芳是个大学刚毕业的社会新人，和同期的很多新人一起进入一家不错的公司实习。为了能继续留在公司，她一直勤奋认真地工作。

宜芳的上司是名三十多岁的单身女性，对下属要求十分严格，遇到做错事的下属，总是会大声呵斥。有时候还会给员工安排一些不合理的工作，让大家感到很无奈。很多员工都对她很有意见。

"她这样安排工作很没道理，感觉她真不适合做管理工作。"

"是啊！我上次的提案是她提点的，完全是错误连篇。"

"其实她的工作能力也不是很强，根本不适合做上司。"

即使大家议论纷纷，宜芳却没有受到别人的影响。每当遇到工作上的难题，还是虚心向上司请教；工作到了一个进度，也会及时向上司汇报，对于上司的批评更是虚心接受；平时下班的时候，宜芳还会和上司打完招呼后再离开。

"宜芳，上司那么难相处，你怎么还和她走得那么近？上次我还听见她又在批评你的提案。"和她关系不错的小丽问道。

"不会的，上司虽然脾气不好，但是她工作很认真，这点让我很佩服啊！更何况她的资历比我们都要老，一定有我们可以学习的地方。"宜芳认真地答道。

结果实习过后，宜芳成为首批继续留任的员工。

宜芳的想法十分正面，上司既然能够被提拔，进入管理层，一定有她的过人之处。作为下属，要懂得尊重和欣赏上司，善于发现上司的优点，并且加以学习，久而久之一定会让自己受益无穷。

虚心地向上司请教，是博得上司好感的最佳方法。总有一些上司对下属的要求比较严厉，面对这种上司，不要怀有太多的抱怨。因为这样的上司，一般来说不会偏袒某个下属，也会赏罚分明。这种上司其实难得一见，虚心跟着他，你将会学到很多东西。真心地欣赏这样的上司，并且经常与他保持联系，多多汇报工作内容，分享你的工作成果，让他觉得你是一个真诚、愿意虚心学习的人。这样一来，他也会认真看待你的前程，为你争取更多的利益。

为上司留点面子

嘉玲是一家广告公司的职员，平时工作认真，业绩也不错。

有一天，上司从外面回来，心情很不好，想必是和客户谈判失败的原因。上司一回到办公室，发现环境很乱，而且嘉玲正在网上浏览一些新闻，就劈头盖脸将嘉玲臭骂了一顿。

嘉玲感到很委屈，自己正在浏览的新闻，刚好是一家客户上市的新闻。为了为优质客户提供更好的服务，所以她想事先了解一下客户最新的状况，没想到竟然被上司误认为在上班时间偷懒，于是忍不住和上司争吵了起来。

同事们看到这种情况，连忙过来劝架。其中一名员工向上司说明情况，上司才明白自己错怪了嘉玲，只好讪讪地跟嘉玲道歉："不好意思，我刚才心情不太好。"然后看了嘉玲一眼就离开了。

自从发生这件事后，上司对嘉玲的态度发生了很大的改变。以前常交代给她的任务，都转交给了别人，也很少叫她一起参加会议了。原来跟嘉玲关系不错的同事，也渐渐疏远了她。嘉玲觉得自己在公司再也待不下去了，只好草草离职。

在职场中，若遇到上司对自己发脾气的时候，一定要先保持冷静，切忌和上司当面顶撞或者大吵大闹，先给上司留点面子。等上司冷静下来，再和上司好好解释也不迟。

当上司犯错的时候，也要尽量避免当面戳穿。上司要管理的是整个团队，若你当面指出他的错误，会让他的面子极为受损。因此对于上司一些无伤大雅的小错误，不妨暂时装聋作哑。而对于一些严重的错误，最好在私底下或者大家不注意的时候，再让上司知晓。这样不仅保住了上司的面子，也能让上司注意到你的能力。

另外，无论你的工作能力多么优秀，也千万不要在上司面前炫耀。特别是如果你在某方面的能力超越上司，要尽量保持低调，面对上司的时候更要保持一种谦虚谨慎的态度。否则要是遇到心胸比较狭窄的上司，必定会让你在公司里的日子变得很不好过。

🌸 高情商女人**法则**

1. 维护上司形象，学会尊重上司，虚心向上司请教。不做越权的事情，对工作不要有太多的抱怨。

2. 学会欣赏你的上司。上司之所以能够当上上司，一定有其与众不同之处。想办法发现这些优点，并且尽力向他学习。

3. 给上司留足面子，避免顶撞上司，或者与上司发生正面冲突。当你发现上司犯错的时候，私下提出即可，切忌当面指出。

Emotional Quotient

一句无心的话，就可能踩地雷

俗话说：三个女人一台戏。办公室里有女人存在，就会有许多话题出现，自然而然也容易出现很多问题。也许你曾无意间说出不经大脑的话，而那些话恰好是老板或者同事不喜欢听的，结果就被归类为长舌妇。因此身处职场的女性，应与同事保持良好的关系，避免说出不该说的话，卷入办公室纷争。

不做流言的散播者

依云性格外向，喜爱说笑，在部门里有"大嘴巴"的称号。公司里无论发生什么事，都会从她的嘴里传出。

有一天，一个女同事透露和上司曾发生过不愉快，并抱怨说自己很讨厌上司。依云与其他人聊天时，不自觉地就把这些话传了出去。上司听说了那位女下属的抱怨，找个理由把她开除了。女同事知道后很生气，打电话把依云狠狠地骂了一顿。

还有一位平时和依云关系不错的女同事，有一天与老公发生冲突，请依云帮忙请假。然后，依云就和其他同事说，这个女同事的老公有了外遇，正在和她闹离婚。结果那个女同事再回来上班的时候，大家都用同情的眼光看着她。女同事知道事情原委后，就和依云渐渐疏远，再也不和她说话了。

由于依云总爱散播流言，同事们都很忌惮她，害怕她再造出什么谣言，于是上班时间，大家都离她远远的，没有人愿意跟她说话。依云现在在公司里很孤单，没心没肺的她自己也不明白，同事们为什么和她渐行渐远了。依云心里很痛苦，为此还看了心理医生。医生经过了解之后发现，依云可能养成了爱散播流言的习惯，已经有点强迫症倾向，需要慢慢地调整和克服。

在职场中，因为人际关系的复杂，或多或少会存在一些冲突。如果因为你的心直口快，把别人工作中的抱怨或者他人的隐私大肆宣扬，不仅会影响别人的生活，还会影响到你和同事之间的关系，破坏你在同事心目中的印象。

女人必须在职场中保持一颗平常心，**避免对一些小道消**

息太过好奇。严格审视自己的言行，避免做出伤害同事的行为。除此之外，还要加强自身的修养，通过不断地学习来提升自己。平时也要学会理智地分析、解决问题，做一个谈吐有深度的高雅女性。

远离散播流言者

小美是公司的新员工，虚心好学，对前辈总是抱持着尊敬的态度。

公司里的李姐，是个很爱论人是非的老员工，不管走到哪里总是和很多人聚在一起，嘀嘀咕咕地议论公司中的蜚短流长。小美很不喜欢参与那些讨论，但是为了更快地融入公司环境，逐渐也聚在李姐周围听一些八卦。

"你们知道吗，我们上司和老板有暧昧关系。"李姐吃过午饭回到公司，看到小美一个人在办公室，又跟她长舌道。

"哦。"小美随意应道，她正在浏览一些网页，虽然不喜欢李姐谈话的内容，还是礼貌地应了一声。

"不然凭她的学历，怎么可能当上上司？"李姐又说道。

"她的工作能力也很强啊！"小美辩解道。

"什么强啊？公司里比她工作能力强的人太多了，怎么就她当了上司，一定是因为老板的关系。"李姐又大声说道。

小美没有接话，她想李姐接下来一定又会长篇大论了。暂且不管那么多，自己听听就好，反正又不是自己在散播流言。

但是接下来，李姐的声音却没有再响起。小美抬起头才发现，上司不知道什么时候回来了，正脸色难看地坐在那里。李姐则一脸尴尬，灰头土脸地溜回自己的座位。

到了月底，上司找小美谈话，说她经过一个月的观察，发现小美不适合公司的岗位，并祝福小美能够找到更理想的工作。小美知道上司对自己有意见，想辩解自己没有散播关于她的谣言。但自己确实参与了李姐的闲话，恐怕辩解也没有什么用，只好伤心地离开了。

在职场中，即使你不是长舌妇，你周围一定存在着爱散播谣言的同事。这些人总喜欢在背后议论别人的事情，对公司里的任何小道消息都很敏感，唯恐天下不乱。遇到这种情形，一定要学会谨慎对待。对于那些喜欢制造和散播谣言的人，一定要和她们保持适当的距离，减少与她们独处的机会。

避免说出不该说的话

玉莹是一家化妆品公司的员工，她工作很卖力，销售业绩总是名列前茅。之前开会时上司表示，销售业绩好的员工，除了提成外，接下来的几个月还有奖金奖励。

几个月来玉莹的销售业绩一直是第一名，但上司却再也没有提过奖金的事情。玉莹心里很不高兴，于是在和同事聊天的时候，就开始抱怨连天。

"之前说要发奖金，现在却连提都不提了。"玉莹抱怨道。

"可能是忘了吧！"有同事附和道。

"什么忘了？奖金说不定被她私吞了。"玉莹生气地说。

"不会吧！"

"我看绝对是，这种公司真是没法待了，好想换个工作。"其实她并没有想要换工作，只是抱怨一下自己的不满而已。

但接下来的两天，玉莹发现上司对她的态度有些改变。平时需要她参加的会议，也不再通知她参加。王莹知道自己被排挤了，想不到自己一时的抱怨，竟成了最终辞职的导火索。

在职场中，总有一些人因为心直口快，在办公室里倾诉自己工作中的不顺和不愉快，直接发表对上司以及同事的看法。这些话很容易通过一些长舌妇传到办公室，对你的工作和人际关系造成很大的影响。

因此，工作或者生活中出现问题时，千万不要在办公室里倾诉，说一些不该说的话。**遇到问题就要及时解决，而不**

是抱怨连天。就像玉莹，如果真的对老板不发放奖金有意见，可以私下里以委婉的方式，向老板说明自己的想法。如果真的想换工作，也应该尽量避免在办公室对同事们诉说。

身处职场中难免会遇到不公平的事情。面对困境，要学会保持良好的心态。面对一时无法改变的事情，如果苦恼无法排遣的话，不妨找个知心的朋友私下再聊。若你能够做到说话注意场合，并且懂得分寸，你的职业生涯会更加美好！

❀ 高情商女人法则

1. 女人在职场中，需要保持一颗平常心，避免对一些事不关己的事情太过好奇，而在办公室里大肆宣扬，成为谣言的散播者。

2. 在职场中，除了自己不要成为长舌妇外，还要和一些喜欢散播谣言的同事保持距离，避免牵涉其中，成为受害者。

3. 职场中人际关系复杂，当你对工作或者生活不满时，不妨找个知心朋友私下倾诉，避免直接在办公室向其他同事抱怨。

Emotional Quotient

大智若愚是种境界

职场中，存在着复杂的人际关系，大智若愚对于处理好人际关系相当重要。很多事情只要自己心里清楚就好，没有必要讲得很明白。遇到意见不一致的事情，要懂得放开心胸，不做过多争论，特别是在一些无关个人原则的问题上，不妨装装糊涂，大事化小，小事化了，让女人在职场中更游刃有余。

不要挑明别人的暧昧关系

景兰和晓桃是一起进入公司的新员工，两个人一起工作的时候，景兰发现晓桃总喜欢偷懒，有时候还爱翘班。遇到一些麻烦工作，晓桃总爱推给景兰做。景兰虽然很生气，但认为晓桃可能是在家里娇生惯养惯了，就一直忍耐着没吭声。

有一次，景兰因为加班，在办公室待到很晚。走到电梯门口，她竟然看到老板正搂着晓桃的腰，两个人卿卿我我的，她这才发现晓桃和老板的不正当关系。众所周知，老板可是个有家室的男人。

第二天再见到晓桃的时候，景兰不再那么客气了，每当看着晓桃的时候，都带着一种鄙夷的眼神。当晓桃不愿意工作的时候，景兰忍不住讽刺道："别以为搭上了老板，就觉得自己有多了不起，当个小三有什么好骄傲的！"

"你这是在说谁呢？"晓桃很生气地大声质问，然后和景兰大吵起来。后来还是同事拉开了两人，她们才停止争吵。事后，有同事向景兰打听晓桃和老板之间的关系，景兰又大肆渲染了一番，很快地，整个公司都知道了老板和晓桃之间的暧昧关系。

事情没过多久，景兰就被老板开除了。这时景兰才明白祸从口出，因为挑明了晓桃和老板的关系，结果丢了工作。

职场中难免会有暧昧关系的存在，以我们个人的力量，根本无法改变这些事情。另外，别人的生活与我们无关，**即使同事与上司有暧昧关系，那也和你没有关系**。不要为了逞一时口舌之快，而做出损人又不利己的事情。处于旋涡中心时，不妨装装糊涂，睁一只眼闭一只眼，这才是明智的选择。

俗话说：难得糊涂。糊涂有时候也是一种智慧。多专注于自己的工作领域，少关注别人的八卦消息。这样才能避免在职场中树敌，赢得良好人缘，更有利于你的事业顺利发展。

对上司的小缺点或不足之处装聋作哑

玉婷是学校新来的语文实习老师，由于学校待遇和福利都很好，玉婷很想在实习之后继续留下来，因此工作很认真。

有一天，教务主任请玉婷帮自己的班级上一堂课，以作为对她的考查。教务主任在台下听课，玉婷显得有些紧张，毕竟自己能否留下来，全看教务主任的决定。

上讲台写板书的时候，玉婷很认真地将自己拿手的粉笔字亮了出来。这时候台下一个学生的话却让玉婷冒出了一身冷汗。

"老师，你的粉笔字比我们老师写得好看多了。"一个学生突然大声说道。初中的孩子说话都很直，很少考虑到老师们的感受。玉婷不用回头，也知道教务主任在后面一定很尴尬。如果不说话，又好像默认了学生的说法。玉婷灵机一动，回头大声说道："我请你们默读课文，是谁在大声朗诵？"

那位学生不好意思地低下头，而教务主任的尴尬也被化解了。

上司也是普通人，并不是神。他们身上虽然会有某些缺点和不足，但一定也有自身的优点。例如教务主任虽然板书写得不如玉婷，但是却有绝佳的管理能力。对于别人的不足之处，不妨装聋作哑，假装没有听见或者没听明白，这样才不会产生冲突。

玉婷其实完全听懂了那位学生的话，却故意将其理解为正在大声朗诵，不仅缓解了教务主任的尴尬，也不至于让自己处于默认的窘境。同样的，对于上司的一些小错误或者缺点装聋作哑，既可以让你避免是非，也可以避免上司处于尴尬的境地。

当然，若是在一些没有外人的场合，如果你和上司关系比较熟络，不妨用开玩笑的方式，将上司的错误指出来。幽默的玩笑可以营造亲和的气氛，还能拉近你和上司的距离。需要注意的是，开玩笑的时候要留意上司的情绪，如果上司的心情欠佳，就尽量避免在那个时候指出上司的错误，否则只会自讨没趣。

面对敏感话题学会装傻

公司有一个主管的职位空缺了好几个月了。到底会选谁当主管呢，同事都很好奇。其中芳仪和俊杰两个人的呼声最高。两个人都在公司工作多年，平时工作都很积极，工作能力也很强。但是委任书还没有发下来，谁心里都没有谱。

　　芳仪很希望自己这次能够晋升，但是却没表现出来。她知道自己和俊杰的人气不相上下，但俊杰是男性，在职场上做上司的优势要比自己大很多，所以她处处表现得低调内敛。

　　"芳仪，你想不想当主管？如果想，我们就投你了，你看俊杰正在到处拉票呢！"有同事对芳仪说道。

　　"是吗，我怎么没听说？当不当主管，老板说了算，顺其自然就好了。"芳仪说道。

　　和芳仪相比，俊杰显得高调很多。他已经开始承诺，等他当上主管后，要如何为下面的员工谋福利。

　　过了几天，老板找芳仪谈话。

　　"听说俊杰最近的人气扶摇直上，你有什么看法？"老板看着芳仪问道。

　　"是吗？我倒是没注意。不过俊杰的确很优秀，应该会有很多人支持他。"芳仪答道。

　　老板也找了俊杰谈话。他说："听说芳仪为了当主管，已经开始在笼络人心了，你怎么看？"

　　"是啊！我也看到她在拉选票了。虽然有很多人支持她，但我不会落在她的后面。"俊杰信誓旦旦地答道。

过了几天，主管名单公布，芳仪最终获得了主管的职位。俊杰感觉在公司继续做下去有些尴尬，只好提出辞呈。

职场中，我们都会面临很多利益纷争。面对纷争，一定要表现得内敛低调。对于即将到手的利益，也不能表现得过于欣喜若狂。有的时候装傻装糊涂，不失为一个良好的计策。

要想在职场中生存，就要尽量避免将自己的野心暴露出来。没有老板会喜欢一个野心太大的员工，因此在公司中万万不可为了一些利益，就结党营私，处处显露自己的野心，否则将会得不偿失。

❀ 高情商女人**法则**

1. 职场中存在着很多暧昧关系，不管是同事之间还是同事和老板之间。遇到这些事情，要适时地装糊涂，避免挑明暧昧关系。

2. 老板也是普通人，存在着一些缺点，也会做错事。对于老板的小错误和不足，最好能学会装聋作哑，顾及老板的面子。

3. 职场中总有很多利益纷争，面对一些敏感话题或者纷争时，要避免过于显露锋芒，并学会装傻装糊涂。

Emotional Quotient

沉默是你必须学会的职场法则

你可能是个心直口快的人，喜欢在朋友面前炫耀自己的家里多有钱，老板多么器重你，你的薪水有多高，长得多么漂亮，有多少男士追求你，等等。但是在职场中，你首先要做到的，就是放弃这些炫耀。因为这些炫耀不仅不会对你的工作有任何帮助，反而会为自己招来嫉妒的眼光，引起很多不必要的麻烦。沉默是金，是你务必要学会的职场重要法则。

适时保持沉默，避免强出风头

莉雅是一家公司质检部的员工，平时就很喜欢说说笑笑以及发表个人意见。

有一次，因为同事信志的疏忽，导致一些产品无法过关，被客户退了回来。上司很生气，要求质检人员一起开会反省。

　　大家心里都知道，这次会议是针对信志的批评大会，因此上司请同事发表看法时，大家都沉默不语。只有莉雅一个人站起来发言："我认为这次退货最主要的原因，是信志工作的疏失，造成这样的结果是他工作不认真的缘故。我们质检部门就是要细心，不能因为一个人的疏忽，影响了公司的利益……"莉雅侃侃而谈，甚至还一并列举了信志平时工作中的其他失误。

　　莉雅发言完毕坐下来后，看到信志狠狠地瞪了她一眼。其他同事也都觉得莉雅批评得有些过头了。虽然信志是犯了错，但是莉雅也不应该在这种公开场合，对信志大肆批评。更何况信志也是无意中犯错，严格说起来是无心之过。现在开会的最终目的，是为了避免以后再犯这些错误，因此接下来很多同事都分享了如何避免再次犯错的心得。

　　从此以后，很少有同事愿意再和莉雅一起工作，信志更是对莉雅不理不睬。有一次莉雅在工作中也犯了错，马上就被信志汇报到上司那里。结果上司将莉雅狠狠地骂了一顿，要求莉雅在挑别人毛病的同时，也要好好地检讨一下自己。莉雅感觉很委屈，不是上司要求开会讨论的吗，怎么现在错的反倒是自己。

　　在职场中，对于一些问题如果没有很好的建议，千万不要针对任何人发表意见，更不能胡乱指责别人。每个人都会犯错，若是一味地指责别人，不但上司会对你印象不佳，同事也不会乐意跟你共事，结果让自己陷入孤立无援的境地。

因此，在职场中，面对一些问题，若是没人发表意见，你不妨也先保持沉默。**适时的沉默，不仅能以静制动，还能为你赢得好人缘。**如果不懂得这些，你就很容易误触地雷，吃很多苦头。

一定要对自己的薪水保密

雅舒是一家珠宝公司的员工，工作勤快又认真，很得老板赏识。但雅舒也是个心直口快的女人。最近一段时间，因为她保管公司的钥匙，每天都提早来开门。有一天刚好被老板碰到了，认为雅舒对工作很尽心，便给她涨了一点薪水。

一开始，雅舒还明白要对自己的薪水保密，不敢告诉其他同事老板已经给自己涨薪，怕被同事说闲话。刚好这周发了薪水，她决定给自己买件漂亮的衣服，趁机炫耀一下。

"星期天我们一起去逛街买衣服吧！"领薪水后，雅舒得意地向一旁的同事说道。

"每个月就领到那么一点儿薪水，都不够买衣服。"一个同事抱怨道。

"我这个月比较宽裕一点，偷偷跟你说，老板给我涨薪了！"雅舒忍不住说道。

"老板对你可真好。"同事有点酸溜溜地说道。

过了不久，大部分同事都知道雅舒涨薪的事情了。很多人因此对老板感到不满，说都做一样的工作，为什么雅舒的薪水比他们高。从那以后，原来和雅舒关系不错的同事，都渐渐疏远了雅舒。雅舒心里感到委屈，自己的薪水不过多了一点点，为什么同事们会这么反感？

在职场中，首先要学会对你的薪水严格保密。你的薪水有多少，有能力赚多少钱，是你自己的事情，没有必要在同事面前大肆宣扬。也许你只是比别人的薪水多一点点，但是对于同事来说，大家都做一样的工作，你却赚得比他们多，同事的心里一定很不是滋味。同工不同酬的情况，会让一些同事对你产生嫉妒心，进而做出一些对你不利的事情。

那么薪水少的时候呢？如果你的薪水比别人低很多，有些人知道后，可能就会觉得是因为你的能力不强，或者是老板对你有意见，一样会对你有排斥的感觉。所以，在职场中，**薪水永远是个隐私的话题，应该尽量避免向别人泄露。**

减少对工作的抱怨

淑娴在大学时是社团的核心干部，人长得漂亮，才艺也很出众。毕业进入公司后，老板安排她先做行政工作。

工作一段时间之后，淑娴感觉有些疲惫。行政工作的内容很琐碎，每天就是整理档案、打打报表之类，她觉得自己是大材小用了，与同事聊天的时候，不自觉地就开始抱怨。

"这些工作我在学校就已经做过，根本锻炼不了人。"

"我们都是新来的，都要先磨炼一下，才会被委派重要的工作。"新同事安慰道。

"什么新来的？有能者居上。我看那个志豪笨死了，一点工作都做不好，薪水竟然还比我们高。"

"没办法，谁叫我们是新人呢！"有人说道。

"这种不会用人的公司，根本没有前途，我早晚会离开。"淑娴气愤地说道。

半年后，很多和淑娴一起进来的新人都已经被调到新的工作岗位，只有淑娴仍然从事行政工作。淑娴感觉更委屈了，私下里打听上司没有让她接手新工作的原因。原来上司听说她没打算在公司长期奋斗，所以不敢将新工作交给她。淑娴听了更是傻眼，她只是抱怨一下，并没有打算辞职，没想到自己一时抱怨的话，竟然成为工作的绊脚石。

职场中难免会遇到不如意的事情，遇到怀才不遇的情况，不应该只是一味地抱怨，而应该用宽广的胸怀看待这件事。不断提升自己的内涵，在业务能力上不断提升自己，等到机遇降临时，努力施展自己的才华。

如果一项工作真的不适合你，就要及时舍弃，寻找真正适合自己的工作。如果没办法断然舍弃，就必须脚踏实地地工作，而不是一味抱怨。抱怨不仅对工作没有帮助，还容易落人口实，时间久了容易让人生厌。这样一来，自己就真的只能成为泛泛之辈。在职场中遇到不如意之事，不妨先保持沉默，并不断加强工作能力，相信你会有一个更美好的未来。

🌸 高情商女人**法则**

1. 在办公室，针对一些敏感的问题，要适时保持沉默，切莫强出头，随意指责别人，触及别人的地雷。

2. 职场中，薪水永远是个敏感的话题。切忌随意泄露自己的薪水，以免招人嫉妒，落人口实。

3. 职场中总会遇到很多不如意的事，切莫抱怨连连，更不要随意提及自己想要离职的想法。

Emotional Quotient

适时低头的智慧

　　有很多女人在职场竞争中，由于太想获得成功，所以会对别人的能力视而不见，甚至愤世嫉俗或者嫉妒，这是一种很不好的心态。只有学会低头和勇于退让的女人，才能从失败中汲取教训，从别人的优秀中获取经验。要学会在挫折和失败面前，用一种较为坦然的心态勇敢面对。这种低头退让，不仅不是怯懦和失败的表现，相反，是为使自己更加强大做的准备，彰显了一个女人的智慧。在职场中学会适时退让，你将会获得意外惊喜。

对上司要适时低头

　　曼娟从事的是市场调查工作，因为性格活泼开朗，活动执行能力也很强，在长期的市场调查研究中，对市场有了很全面的掌握。老板很欣赏曼娟的工作能力，把她升为部门的主管助理。

随着和主管接触的增多，曼娟发现自己和主管之间存在很多的意见分歧。主管是个很干练的女人，很多事情都是自己说了算。曼娟年轻气盛，感觉主管做得不对时，就会据理力争，渐渐地两个人有些水火不容。

有同事劝曼娟不要太计较，虽然曼娟有自己的想法，但是最终拍板定案的还是主管，不妨让主管做决定就好了。如果决策真的不合适，老板询问下来，主管自会负责。

曼娟知道如果想要打破自己和主管关系的僵局，就要向主管低头退让，以后不管什么事情都听从主管的建议。但这是她无法接受的，所以她并没有改变自己的做法。在接下来的工作中，主管总是不断挑曼娟工作中的小错误，两个人因此摩擦不断，最后没办法，曼娟只好选择辞职。

离职后的曼娟找了很多工作，但无论待遇还是环境，都无法和当初的公司相比，让她感到后悔莫及。

上司永远是上司，永远都不会喜欢你挑战他的权威。在职业生涯中，在你还没有很强大之时，首先要做的是站稳脚跟，和上司及同事建立好关系，而不是争权夺利，和上司比能力。对待上司，一定要抱着谦和虚心的态度，努力学习上

司的能力，这才是你首先要做的事情。面对强硬的上司一定
要懂得低头退让，就算你认为你的上司不合格，也要等到你
力量强大之后，再来做评判。

对于上司的意见，即使有不同的看法，也不可以犯颜直
谏。在职场中，职位低的人最好不要轻易反驳和挑战职位高
的人的权威，这也是职场中的"潜规则"之一。试想，如果
你自己是上司，你下面的员工跟你据理力争，没给你留一点
面子，你会喜欢这种员工吗？所以，要想在职场中站稳脚跟，
一定要明白这条规则，否则最终受伤害的只有你自己。

适时低头，微笑求助

美华是公司的部门经理，是一个很严肃又强硬的上司，
很少与手下员工轻松交流。每当分配任务的时候，她都使用
命令的语气，因此和下属之间总有一些隔阂。美华并不认为
这些隔阂有什么问题，只要不影响大家的工作进度就可以了。
但是年底发生的一件事，彻底改变了美华的这种看法。

年底的时候，美华的公司每年都会举办一场联谊会，每
次都会有一个部门负责筹划节目，这次刚好轮到美华的部门。
美华对于工作以外的联谊会根本不感兴趣，但是对于老板已

273

在职场游刃有余，才是给自己的最好礼物

经分配下来的任务，又不能拒绝。如果做得不好，老板对她的印象一定会大打折扣。

于是，美华只好将任务分配给助理。但是助理却很不卖力，可能是因为对美华平时的为人处世有意见。遇到这样的情况，美华也不好意思发脾气，毕竟这种娱乐性活动，大家若没兴趣参加，也不能勉强。最后，美华只好放下上司的架子，去找同部门的人帮忙。

美华先是找到资历较深的欢姐，希望欢姐能给自己一些建议。欢姐看到平时一直高高在上的美华竟然青求助自己，于是非常诚恳地给了美华一些建议。美华这时候才发现，在职场中，无论你多么优秀，单凭一个人的力量根本做不了多少事情，最终还是需要众人的齐心协力。

在欢姐的建议下，美华和部门的同事开会，说明了这次联谊会的情况，希望大家能帮助她并且积极参与。部门同事看到平时一直比较严肃的主管能够放下架子，听取大家的意见，气氛一下子就活跃了起来。大家纷纷踊跃发言，为美华出言献策。

联谊会最后举办得非常成功，老板也对美华大加赞扬，不久又为美华升职加薪。美华的一次小小低头，让她收获了更多的利益。

没有人有三头六臂，可以做好所有的事情。**职场是一个需要合作的舞台**，很多时候，你需要大家的齐心协力，才能真正施展自己的智慧和能力。学会发现别人的优点和能力，并且在请求别人帮忙的时候，适时低头，微笑求助，你将会获得更多的回报。

善意地低头退让，让你的事业更腾达

雅兰是公司的客户经理，业务能力非常强，和很多客户都有良好的合作关系。但是最近，其中一家一直与他们公司有良好合作的公司，因为经营不善，几乎面临倒闭。这家公司还欠雅兰公司几十万的欠款，雅兰奉老板的命令前去催账。对方公司的老板愁眉不展，说自己手头很紧，能不能宽限一段时间。

雅兰有些迟疑，这家公司的老板口碑一向不错，如今刚好在困难的时期，或许真的拿不出钱来。很多欠钱的公司，为了拖欠款，遇到债主催账时都不愿意露面。这家公司的老板却一点都没有躲避雅兰催账的意思，反而诚心诚意地向雅兰分析了一下自己公司的实际情况，并且承诺自己一定会择期付账，让雅兰感到信服。

　　回去后，雅兰跟老板分析了一下情况，说明要是现在追着客户要钱，他们也拿不出来，而对于他们公司来说，几十万的欠款只是一个小数目，并不会影响到他们的经营。仔细思量过后，雅兰和老板决定，多给那个客户一些时间，等到他们渡过了这次的难关，再还钱也可以。客户对于雅兰的回复感激涕零。

　　年底的时候，那个客户打电话给雅兰，说打算偿还之前欠他们公司的欠款。见面之后，雅兰才得知，原来那个客户的公司被一家大公司收购，现在他已经有了偿还欠款的能力，而且他现在担任那家大公司的总经理，希望能与雅兰的公司继续合作。雅兰听到这个消息惊喜万分，这对于她来说，无疑是从天上掉下来的礼物。

　　雅兰公司的老板知道这个消息后，也非常高兴。为了奖励雅兰，让她继续为公司效力，老板将公司的一部分股份分给了雅兰，现在雅兰已经成为公司的股东之一。

　　雅兰的善意退让，在帮助客户的同时，也让她有了更大的收获。在职场上如此，与人交往也是如此。在与别人交流互动时，真诚地理解和帮助别人，在适当的时刻学会善意地低头与退让，会让你的事业获得更好的发展。

✿ 高情商女人**法则**

1. *女性在职场中面对上司时，切忌太过强硬；一定要学
   会低头，认同和尊重上司，这样你才能在职场中更加
   游刃有余。*

2. *一个人的能力有限，所以在工作中或者与人交往相处
   时，要在适当的时候向你的下属或者同事低头。这样
   一来，在获得好人缘的同时，也会让你受益匪浅。*

3. *职场中，当别人遇到困难，需要帮助的时候，适时地
   低头退让，会让你的事业获得更好的发展。*

Emotional Quotient

处变不惊，远离职场纷争

在职场工作久了就会发现，无论职场大小，都会存在着权力纷争。一旦你处埋不好，就会陷入乌烟瘴气中。即使你工作很努力，也会受到一些人的排挤，严重的话还会让你在公司待不下去。因此，面对职场的权力和利益纷争时，聪明的女人应该懂得，要想好好地保护自己，就要远离明争暗斗，做一个八面玲珑的人。

保持相对的独立性

梦桐是一个上进的女人，一毕业就进入公司的营销部门工作。活泼又热情的个性，让她做出了不少亮眼的成绩。

在梦桐的部门里，有两位资历较老的员工，两个人是死对头，经常搞小团体，互相争夺利益，一副要拼个你死我活的架势。当初一进入公司，梦桐就发现自己面临选择小团体的问题。这两个老员工，一个对梦桐热情照顾，另一个则冷漠对待。

虽然梦桐很不想参与这种斗争，但是看到对自己很热情的老员工升职后，那些跟随的下属也获得不少好处，于是梦桐的心开始有些动摇。渐渐地，她开始追随那位升职的老员工，其间也获得不少小利益。为了回报，她也开始花心思在自己的小团体上，协助打压另一批同事。

但是不幸的是，好景不长，那位升职的老员工，因为独吞回扣被人举报，不久就被老板开除了。而另一派的老员工却时来运转，升上了营销部的主管，所有重要的职位都换成了自己的嫡系下属。梦桐也因此被分配到一个无足轻重的工作岗位。一年之后，梦桐感觉到没有任何升职的希望，只好辞职了。

职场犹如战场，到处存在明争暗斗。女性身处职场，一定要保持理智清醒的头脑，避免卷入一些不必要的职场纷争。多做与工作有关的事情，少说与工作无关的话，对于同事的私事尽量不要谈及。无论你是职场新人还是老员工，面对职场纷争的时候，要保持相对的中立，避免轻易发表自己的见解。要知道，职场中很多纷争，其实并没有绝对的对与错，不可能做到是非分明。

你只需用一种宽容的态度看待你身边的人和事，围绕在你周围的纷争就会少一些。不要为了彰显自己的存在，而去参与派系斗争。职场并不是一个张扬自己个性的地方，尊重他人的意见，不仅可以让你避免纷争的纠缠，也可以让你的职场生涯轻松很多。

做一个无害的中立个体，保持自己的相对独立性，会让你远离纷争的困扰，立于不败之地。

保持沉默，不表明立场

公司前任办公室主任离开之后，这个职位就空缺了下来。老板想在公司老员工中挑选一位来担任主任，根据资历，莉丝和琳达是最有可能的人选。

思璇下班之后，好朋友心恬就拉住了她。两个人是大学同学，私交甚好，一起进入这家公司不到一年的时间。

"待会儿莉丝要请大家一起去唱歌，我们也一块儿去吧！"心恬小声地说道。

思璇是个聪明的女孩，知道这是莉丝拉拢人心的做法。如果去的话，会让琳达认为自己站在莉丝那边；但是如果不去，莉丝一定会认为自己是支持琳达的，这样一来她若获得升迁，自己肯定不会好过。

思量了片刻，她趁莉丝上洗手间的时候，走上前去。

"莉丝，听说你要请我们唱歌，我好想去啊，可是我男朋友生病了，我必须去照顾他，不然他又会生气了。等哪天你再请客，可别忘了找我哦！"思璇假装委屈地说道。

"你这个小鬼，正处于热恋期吧，赶快去照顾你男朋友吧！"莉丝笑笑说道。

唱完歌之后，很多同事都和莉丝走得很近，有一些同事甚至向老板举荐莉丝做办公室主任。思璇却很少参与他们的谈话，但是下班时无论碰到莉丝或者琳达，都会亲切地和她们打声招呼。

一个月后，莉丝走马上任，与她关系很近的同事，都获得了眷顾。但是不久后，莉丝却因为工作出了差错，弄错了客户的订单，致使公司损失了很大一笔钱，她本人最后只好引咎辞职。

很快地换琳达上任，她以上次工作失误为由，开除了很多人。这些人大都是和莉丝走得很近的同事，其中也包括心恬。而思璇则是留下来为数不多的员工之一。

若是参与职场纷争，很容易就成为旋涡中心的一员。因此，面对职场纷争最好的做法就是：保持沉默。在这一点上，思璇就做得很好。她采用巧妙的方法，让自己远离纷争旋涡，对于权力争斗沉默以对，最后保全了自己。

保持沉默，是你远离明争暗斗的最好方法。需要注意的是，沉默并不代表明确地保持中立，那样也可能使你陷入孤立的境地。学习有技巧地保持相对独立，让自己远离纷争的缠绕。

隐藏你的真实欲望

甜甜是个很有进取心的女孩，毕业后幸运地进入一家规模颇大的公司工作。为了让上司看到自己的努力，甜甜经常很晚下班，很多不属于自己的工作，也会抢着去做。有时节假日她还会自愿到公司加班。

有一天甜甜正在加班的时候，刚好遇到老板来公司巡查。看到甜甜在主动加班，老板对她大加赞扬。和老板谈话的时候，甜甜还表达了自己对公司发展的看法，以及自己的职业生涯规划。

第二天，老板当着甜甜上司的面，直夸甜甜工作努力，要其他同事多向甜甜学习。但接下来的日子，甜甜却发现，上司很少再分配工作给她，总是让她做一些跑跑腿、打打字的杂活。同事们也逐渐疏远她，休息时间大家开心地聊着天，但只要甜甜一走过去，大家马上噤声，回到自己的工作岗位。甜甜为此十分郁闷。

更让她意外的是，三个月的试用期过后，上司通知甜甜，因为她在试用期间的表现没有达到公司的要求，所以将甜甜解雇了。甜甜非常不解，自己工作尽心尽力，怎么会没有达到公司的要求？

上司告诉甜甜，公司考核员工的项目中，有一项是与同事之间的关系。部门员工一致认为，甜甜不善于人际交往，与大家相处不融洽，所以甜甜没有通过考核。上司还拿出了考核表，上面有部门员工的集体签名。看到这些，甜甜只好哑口无言。

甜甜虽然工作认真，最终却面临被解雇的结局，其实就是由于作为新人锋芒太露的缘故。她刚进公司，就将自己的升职欲望表现得太过明显，反而引起上司的不安，也让同事产生了反感，最终落得被解雇的下场。

职场中的利益纷争，一般都起源于欲望。身处职场，尤其是新人，一定要注意远离职场利益或者权力纷争的中心。试着在能力范围内，适时地帮助别人，不要锋芒太露，显得自己太过能干，甚至做一些越权越级的事情。不要将自己的欲望写在脸上，陷入争权夺利而无法自拔，否则很容易成为众矢之的。

🌸 高情商女人**法则**

1. *在职场纷争中，学会做一个无害的中立派。保持相对的独立性，会让你远离职场纷争的困扰，立于不败之地。*

2. *参与职场争斗，很容易成为纷争旋涡中的一员。面对职场纷争最好的做法就是：保持沉默。*

3. *身处职场，尤其是新人，千万不要将自己的欲望写在脸上，陷入争权夺利而无法自拔，否则很容易成为众矢之的。*

Emotional Quotient

图书在版编目（CIP）数据

情商高的女人，不是迎合别人而是经营自己 / 魔女 shasha 著.
-- 南昌 : 百花洲文艺出版社，2020.1
ISBN 978-7-5500-3490-7

Ⅰ.①情… Ⅱ.①魔… Ⅲ.①女性－修养－通俗读物
Ⅳ.① B825.5-49

中国版本图书馆 CIP 数据核字 (2019) 第 281256 号

江西省版权局著作权登记号：14-2019-0298

本书由我识出版社有限公司授权北京紫图图书有限公司在中国大陆地区以
简体字版本发行
女人正在崛起：女人要开始决定一切，做自己的女王
魔女 shasha 著，2013 年，初版，ISBN：978-986-6166-36-5

情商高的女人，不是迎合别人 而是经营自己

QINGSHANG GAO DE NÜREN BU SHI YINGHE BIEREN ER SHI JINGYING ZIJI

魔女 shasha 著

出 版 人	章华荣
责任编辑	许 复
监 制	黄 利 万 夏
特约编辑	曹莉丽 孙 建
营销支持	曹莉丽
版权支持	王秀荣
封面设计	紫图图书 ZITO®
出版发行	百花洲文艺出版社
社 址	南昌市红谷滩世贸路 898 号博能中心 1 期 A 座 20 楼
邮 编	330038
经 销	全国新华书店
印 刷	嘉业印刷（天津）有限公司
开 本	880mm×1230mm 1/32
印 张	9.25
版 次	2020 年 6 月第 1 版
印 次	2020 年 6 月第 1 次印刷
字 数	150 千字
书 号	ISBN 978-7-5500-3490-7
定 价	49.90 元

赣版权登字 05-2019-411
版权所有，盗版必究
发行电话 0791-86895108
网 址 http://www.bhzwy.com
图书若有印装错误，影响阅读，可向承印厂联系调换。